LAGO MAGGIORE
COMER SEE UND LUGANER SEE

Eugen E. Hüsler

Bruckmann

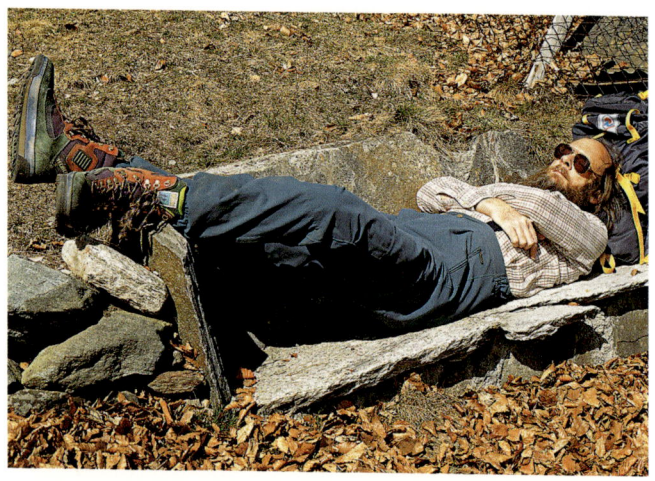

ZEICHENERKLÄRUNG ZU DEN TOURENKARTEN

A4 9	Autobahn		❈ ☀	Aussicht
40	Hauptstraße		⊠ ⊠	Einkehr/Hütte
	Landstraße		🍾 ⚱	Kirche/Kloster
	Nebenstraße		⚱ ⚱	Turm
	Fahrweg		🏛	Museum
- - - - -	Fußpfad		⚱ ⚘	Prähistorische Fundstelle
	Bahnlinie mit Bahnhof		⚱ ⚱	Denkmal
Ⓐ Ⓔ	Tourenführung mit Anfangs- und Endpunkt		℧ ∩	Höhle/Grotte
- - - -	Tourenvariante		🏰 ♫♪	Schloß/Burg/Ruine
	Seilbahn		ℂ ℂ	Camping
Baveno	Sehenswerter Ort/Stadt		♠	unbew. Hütten
▲	Gipfel		♠	Markanter Baum
⏝	Pass		✳	Sehenswert
◆ ▼	Quelle - Wasserfall		✺	Landschaftlicher Höhepunkt
Ⓟ	Parkmöglichkeit		Ⓗ	Busverbindung/Haltestelle

WANDERN
& ERLEBEN

LAGO MAGGIORE
Comer See und Luganer See

Die 30 schönsten
Wanderungen

30 Detailkarten

Übersichtskarte

Sehenswürdigkeiten

Restaurants, Hotels

Reise-Informationen

**Herausnehmbare
Faltkarte zur
Reise-Planung**

Bruckmann

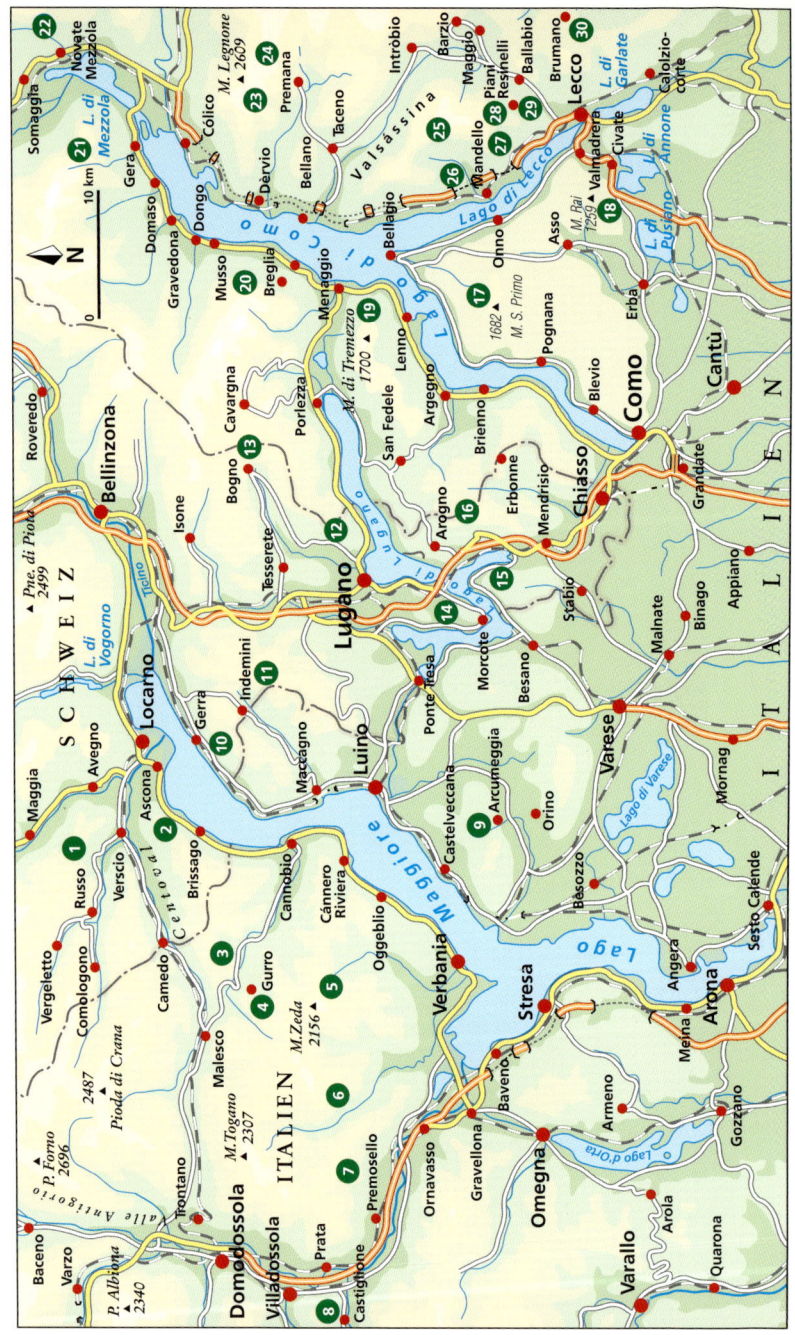

VIER HAUPTKAPITEL

Einführung
Kurze Einstimmung auf das Reiseziel.

Die schönsten Wanderungen
30 Tourenvorschläge mit Kartenskizzen,
Infokästen und Tipps.

Sehenswürdigkeiten von A bis Z
Die Highlights der Region.

Reise-Informationen von A bis Z
Aktuelle Infos für die Urlaubsplanung und das
Zurechtfinden vor Ort.

**PIKTOGRAMME
ERLEICHTERN
DEN ÜBERBLICK:**

Schwierigkeits-
grad:

 Weglänge

○ leicht

 Gehzeit

◑ mittel

 Höhenunterschied

● anspruchsvoll

 kindgerecht

**BRUCKMANNS
»SCHNELLSUCHE«**

Farben helfen Finden
Bunt hervorgehobene Stichwörter verweisen auf
das jeweilige Kapitel:

grün = Die schönsten Wanderungen
blau = Sehenswürdigkeiten von A bis Z
orange = Reise-Informationen von A bis Z

BUCH & FALTKARTE

Koordinaten zur Orientierung
Zur raschen Lokalisierung aller Sehenswürdigkeiten
und Wandervorschläge auf der beigegebenen
Reisekarte sind im Buch die entsprechenden Koor-
dinaten des Kartenrasters jeweils angegeben:
Beispiel: Karte: B 4/5

Wanderung 8
Seite 85

In der Faltkarte wird bei der
Tour auf die Seitenzahl
im Buch verwiesen.

INHALT

DREI SEEN – EINE LANDSCHAFT

Reisen an der Schwelle zum 21. Jahrhundert, zum dritten Jahrtausend: Millionen peilen ferne und allerfernste Horizonte an, Pauschal-Abenteurer tilgen die letzten blinden Flecken aus ihrer Weltkarte. Da sind die Seen am Südrand der Alpen keine Schlagzeile mehr wert. Was unseren Großeltern noch als Erfüllung aller

Ferienträume erschien – einmal nach Bella Italia! –, hat den Nimbus des Besonderen längst eingebüßt.

Vorbei, für immer, auch jene „gute alte Zeit", als die Hautevolee sich am Lago Maggiore ein Stelldichein gab, reiche Mailänder ihre Palazzi am Comer See bauten, Lugano als „niedliches Kleinbild von Neapel" gepriesen wurde.

Heute rauscht der Verkehr über den Lungolario (wenn er sich nicht gerade staut), stehen Supermärkte auf der grünen Wiese, urlaubt man per

Wohnmobil dicht an dicht. Im Tessin wird mehr Geld weitergereicht, von Süd nach Nord, als ausgegeben: Banken, die Paläste unserer Zeit. Dafür dämmert so manches Großhotel vor sich hin, unrentabel, dem Verfall preisgegeben.

Unsterblicher Zauber

Doch der Zauber ist geblieben, teilweise zumindest. Trotz Massentourismus, trotz Autoabgasen und Smog aus den Fabrikschloten Oberitaliens. Noch lebt jenes unverwechselbare Ambiente, die faszinierende Mischung alpiner und mediterraner Akzente, die Bellagio unsterblich werden ließ, der Lugano ebenso wie Stresa oder Locarno seinen Ruhm verdankt.

Kontraste – sie sind es, die das Bild prägen, nachhaltig. Erfahren, erfühlen lassen sie sich aber nicht am Strand oder auf dem Surfbrett, dazu muss man wandern, über die felsig-steilen Bergflanken, hinein in die Talschluchten. Schritt um Schritt kehrt man so zurück zur Natur, lernt eine Landschaft kennen, die weit mehr ist als bloß ein schmaler Uferstreifen. Erst durch die Verschiebung der Perspektive, wenn zum weiten Horizont die Tiefe kommt, erschließt sich einem die ganze Vielfalt dieser Zauberwelt am Südrand des Alpenbogens. Rasch wird die Wanderung auch zu einer Reise in die Wildnis, in die Einsamkeit. Wer kann sich einen stärkeren Gegensatz vorstellen als etwa jenen zwischen der lauten, farbentrunkenen Welt der Isola Bella und dem tiefen, unzugänglichen Graben der Val Grande, wo das Rauschen des Bachs den Eindruck weltentrückter Einsamkeit noch verstärkt? Wer möchte glauben, dass man ein paar Wanderstunden von Lecco echte Dolomitenwunder erleben kann?

Natur pur um das Hinterland des Lago Maggiore

Wandern am Lago Maggiore und am Comer See ist meist mehr als nur ein Auf und Ab: es wird zur Zeitreise. Die alten Wege, einst von den Bauern als Verbindungen zwischen den Stationen ihres Jahres angelegt, zwischen dem Dorf, den Monti (Maiensäßen) und den Almen, sie führen zurück in jene Zeit, als die Menschen rund um die Seen noch vom (kargen) Ertrag ihres Bodens lebten. Die „paesani" sind längst ins Tal gezogen, ihre Enkel verdienen das Geld im Büro, am Fließband oder in der Gastronomie, viele fahren täglich über die Grenze ins benachbarte Tessin. Wege und Hütten verfallen (so sie nicht zu Weekend-Häuschen umgebaut werden), die Natur kommt zurück, ganz langsam, die Vergangenheit nicht.

GESCHICHTE IM ÜBERBLICK

Die Gegend am Südrand der Alpen war in ihrer ganzen Geschichte vor allem Rückzugsgebiet, Transitland, selten nur Schauplatz großer Ereignisse. Bildeten die Alpen in der eisigen Frühzeit noch eine unüberwindliche Barriere, wurden die Pässe schon bald nach dem Rückzug der Gletscher zu Toren zwischen Nord und Süd, setzte reger Handel ein. Wie „Ötzi" uns lehrt, waren Menschen lange vor Beginn unserer Zeitrechnung in den Alpentälern und sogar auf hohen Übergängen unterwegs. Im 7. Jahrhundert v. Chr. überschritten **keltische Stämme** den Alpenkamm und ließen sich in Oberitalien nieder; sie gründeten dabei u. a. Städte wie Como und Mailand.

Römische Herrschaft

Im 3. Jahrhundert v. Chr. erreichte die römische Expansion Oberitalien; **Mediolanum** (Mailand) wurde zum Hauptort der Provinz

Gallia Cisalpina. Die Herrschaft Roms sollte über ein halbes Jahrtausend dauern; entsprechend nachhaltig prägte sie die Region. So darf man durchaus behaupten, dass die Basis für das heute so erfolgreiche Industriedreieck Mailand–Genua–Turin damals gelegt wurde. Große Transitstrecken über den Alpenhauptkamm wurden ausgebaut, natürlich vor allem aus strategischen Gründen, aber auch, um den Handel innerhalb des Riesenreichs zu erleichtern. Nach dem Toleranzedikt Kaiser Konstantins des Großen wurden die Seenregion und die südalpinen Täler nach und nach christianisiert.

Fürsten, Bauern

568 eroberten die **Langobarden** ganz Oberitalien; im Jahr 774 wurde ihre Herrschaft durch Karl den Großen beendet. In der Folge gewannen Provinzfürsten in Italien mehr und mehr an Macht, auch große Kommunen strebten nach Unabhängigkeit. Como etwa wurde 1110 reichsfrei; in der zweiten Hälfte des 12. Jahrhunderts verbündeten sich mehrere Städte zur **Lega Lombarda**. Sie besiegten

Abend in den Leccheser Bergen: die Corni di Canzo.

1176 bei Legnano das Heer Friedrichs I. (Barbarossa), dessen Statthalter das Tessin ausbeuteten. Beim „Schwur von Torre" gelobten sich die Bauern der Leventina und des Bleniotals 1182 Beistand gegen die Feudalherren – mithin ein Jahrhundert vor der Geburtsstunde der Eidgenossenschaft (Rütlischwur, 1291).

In Mailand kamen die **Visconti** an die Macht, 1450 wurden sie von den Sforza beerbt. Die hatten sich bald schon mit den Expansionsgelüsten der Innerschweizer auseinanderzusetzen. 1478 besiegten die **Eidgenossen** ein Mailänder Heer und besetzten die Leventina, bis zum Anfang des 16. Jahrhunderts annektierten sie das gesamte Tessin und verwalteten es in der Folge als Untertanengebiet – die neuen Herren kamen von „ennet dem Gotthard".

Napoleon

Nach dem Tod des letzten Sforza (1535) fiel das Herzogtum Mailand an die spanische Linie der Habsburger; für die Region begann eine Zeit des wirtschaftlichen Niedergangs, durch mehrere Pestepidemien noch verstärkt.

Ein Aufschwung zeichnete sich erst ab, als Mailand im Spanischen Erbfolgekrieg (1706) an Österreich kam. Doch kaum hundert Jahre später wurden die europäischen Grenzen erneut gewaltsam verschoben: **Napoleon** betrat die Bühne. Er besiegte 1796 die Österreicher und zog in Mailand ein. Nach dem Zusammenbruch der Eidgenossenschaft entstand unter dem Diktat des Korsen die **Helvetische Republik** mit den zwei Tessiner Kantonen Lugano und Bellinzona (1798).

Neuzeit

Nach dem Sturz Napoleons wurden auf dem **Wiener Kongress** (1815) alte Grenzen wiederhergestellt. Die Schweiz gab sich 1848 eine moderne Verfassung, in Italien erkämpfte das **Risorgimento** nationale Einheit und Unabhängigkeit.

Die um sich greifende Industrialisierung führte auch in der Lombardei zu sozialen Verwerfungen. 1882, nach zehnjähriger Bauzeit, wurde die Gotthard-Bahnlinie eröffnet.

Nach dem Ersten Weltkrieg kamen in Italien die Faschisten an die Macht; 1936 verkündete **Mussolini** auf dem Mailänder Domplatz die Allianz mit Hitler-Deutschland, die „Achse Rom–Berlin".

Auch im **Zweiten Weltkrieg** blieb die Schweiz neutral; in Italien kam es 1943 zu ersten Streiks gegen die Faschisten. Im September 1944 riefen Partisanen im Norden des Landes die „Republicca d'Ossola" aus, doch endete dieser Sezessionsversuch schon nach wenigen Wochen, von deutschen Einheiten blutig niedergeschlagen. Im April 1945 wurde Mussolini auf der Flucht bei Dongo gefasst und wenig später zusammen mit seiner Geliebten, Claretta Petacci, erschossen.

In der Nachkriegszeit erlebte vor allem das Tessin einen enormen Aufschwung des Tourismus. 1980 wurde der Gotthard-Autobahntunnel dem Verkehr übergeben: Zürich – Lugano in knapp zwei Stunden (aber nur ohne Stau).

LAGO MAGGIORE

Die Namen: **Lacus Verbanus** (lateinisch), **Langensee** (schweizerisch), **Lago Maggiore**, **Verbano** (italienisch).

Der Steckbrief: 216 Quadratkilometer groß, 170 Kilometer Uferlänge, bis zu 372 Meter tief. Hauptzuflüsse sind der Ticino und der Toce, bei Sesto Calende wird der See über den Ticino in den Po entwässert. Das nördliche Fünftel gehört zur Schweiz (Kanton Tessin), der Rest zu Italien. Das Westufer ist piemontesisch, das Ostufer Teil der lombardischen Provinz Varese. Wichtigste Städte an seinen Ufern sind Locarno und Verbania (Intra-Pallanza).

Doch was verraten Zahlen, Daten schon über das Wesen einer Landschaft? Sie ist einzigartig, vielschichtig jenseits aller Klischees, auf die sie immer mal wieder reduziert wird. Man muss ihn einfach erleben, den unwahrscheinlichen Facettenreichtum ihrer See- und Bergregion: die opulente Farbenpracht der Uferstreifen, den nostalgischen Charme der alten Sommerfrischen, einen sommerlichen Wolkenbruch, der in seiner elementaren Wucht an asiatischen Monsun denken lässt, die karge Urtümlichkeit des Hinterlandes, seine hohen grauen Berge, den Trubel und die Stille. Der Lago Maggiore – ein fast schon exotischer Landstrich am Rand der Poebene, an der Südabdachung der Alpen.

Ein exotisches Gewässer?

Einst galt das Attribut „exotisch" auch für viele Besucher des Sees, die reich, dazu oft extravagant waren, gestern wie heute trifft es auf die bezaubernde Parkflora seiner Ufer zu. Denn die

Intra am Lago Maggiore.

stammt teilweise tatsächlich aus exotischen Regionen der Welt. Manche der Kulturpflanzen kamen schon durch die Römer hierher, wie etwa die Kastanie. Araber brachten die Zitrone nach Italien, aus der Türkei stammen der Kirschlorbeer und die Hyazinthe. Um die Mitte des 17. Jahrhunderts wurde die Magnolie aus Ostasien am Lago Maggiore heimisch, später dann die Azalee und die Kamelie.

Besonders fremdartig wirkt die Araukarie, die aus dem südlichen Südamerika kommt, während die Agave am Lago Maggiore so häufig anzutreffen ist, dass man sie glatt für eine heimische Art (und keine mexikanische) halten könnte.

Die Besucher des Lago Maggiore sind heute die gleichen wie überall zwischen Luzern und dem Gardasee, zwischen Dolomiten und Berner Oberland, im Durchschnitt vielleicht ein wenig älter, auch in Stresa, wo man etwas vom Glanz vergangener Tage in die Zukunft hinüberzuretten versucht. Doch was um Locarno und Ascona noch so (helvetisch) aufgeräumt daherkommt, fast paradiesisch wirkt, hat hier bereits deutliche Flecken, und südlich von Arona versinken die Seeufer im Chaos, ist die Unordnung zum Prinzip erhoben – leben und liegen lassen. Reiches Italien – armes Italien!

Dennoch: Ein Naturwunder ist dieser See, der weit hinausgreift in die Poebene, darin dem Gardasee ähnlich. Doch fehlen ihm die steilen Felsufer des Benacus; bereits im nördlichen (Tessiner) Teil dominieren die großen Linien, steht Weite vor Enge, was dem Maggiore die Bezeichnung „Insubrisches Meer" eingetragen hat. Im Sommer, wenn Dunst die Hochgipfel im Panorama verbirgt, ist die Illusion eines offenen Horizonts am stärksten.

„Insubrisch", abgeleitet von einem Keltenstamm, der hier einst siedelte, steht aber auch für Alpenrandlage, und das bedeutet: große jährliche Niederschlagsmengen. Die fallen aber fast nur als Regen, Schnee ist selten, wirkt der See doch im Winter wie ein riesiger Wärmespeicher, im Sommer dafür als Kühlanlage.

Dann weht vormittags meist die „Inverna", ein sanfter Südwind, während in den Nachmittags- und Abendstunden die „Tramontana" für Erfrischung sorgt. Im Spätherbst und Winter ist der Nordföhn ein häufiger Gast, das Gegenstück zu jenem Sausewind, der nicht nur in München und Luzern für Kopfweh und gesteigerte Aggressivität sorgt. Der Effekt ist jenseits der Alpen ähnlich: die Berggipfel rücken (scheinbar) näher, am Horizont herrscht Klarsicht, allerdings (der Unterschied) bei kühlen Temperaturen.

LUGANO UND SEIN SEE

„Lugano (276 m), deutsch Lauis, die bedeutendste Stadt des Kantons Tessin, mit 13 000 Einw., reizvoll am Luganer See gelegen, eignet sich vortrefflich zu längerem Aufenthalt. Die Umgebung

entfaltet die volle Pracht italienischer Gebirgslandschaften, zahlreiche Dörfer und Landhäuser blicken an den Ufern und nahen Hügeln aus Rebgeländen und Gärten hervor, gehoben durch das dunkle Grün der Kastanien- und Nußbäume. Unmittelbar im S. ragt der bewaldete Monte S. Salvatore auf. Im O. fällt der Blick auf den Monte Caprino; re. davon der Monte Generoso, l. der Monte Brè und der schöne Monte Boglia. Gegen N. öffnet sich das breite Cassarate-Tal mit seinem Gipfelkranz im Hintergrund, aus dem sich der zackige Sasso Grande und der Monte Camoghè besonders abheben."

Gar nicht selten: Schlangen. Hier eine stattliche (ungiftige) Äskulapnatter.

So stand es im „alten" Baedeker, Ausgabe 1911. **Lugano** gehörte damals bereits zu den renommiertesten Fremdenorten der Schweiz, der Reiseführer zählt über fünfzig Hotels auf, an der Spitze das „Grand Hôtel & Lugano Palace" (dreimal täglich Konzert, 250 Betten, Pension ab 12 Franken). Lang ist's her, und wer heute durch die Stadt bummelt oder ihr vom Monte San Salvatore auf die (Flach-)Dächer schaut, wird sich möglicherweise die „gute alte Zeit" zurückwünschen, als Lugano noch kein Finanzplatz war und die Trambahn durch die Straßen rumpelte. Inzwischen ist ein Zimmer fast leichter zu bekommen als ein Parkplatz, und neben den Hotelpalästen stehen neue „Palazzi": Banken. Dafür liegt das „Palace" seit Jahren in Trümmern, Spekulationsobjekt verschiedener Besitzer (und vielleicht bald Casino oder Kulturzentrum?).

Der Sotto Ceneri

Zeiten ändern sich. Geblieben ist die Kulisse: die Berge und natürlich der See, der sich „wunderlich durch das Gebürg windet", wie der Berner Daniel Engel bereits 1706 befand. Und wirklich, man muss schon auf die Landkarte schauen, um zu glauben, dass all die Arme zu einem einzigen Gewässer gehören, knapp 50 Quadratkilometer groß. Aus der eigenwilligen Form ergeben sich faszinierende Perspektiven, ungewöhnliche Bilder. So prägt der Ceresio, wie die Tessiner ihren See nennen, die Landschaft des Sotto Ceneri, des südlichen Kantonsteils. Geschaffen, aus dem Untergrund gehobelt haben ihn die Gletscher der Eiszeit, deren Hinterlassenschaft man im Luganese allenthalben entdeckt. Sogar die Vorarbeiten zum Ponte Diga, dem Seedamm zwischen Melide und Bissone, leisteten die Gletscher, die hier eine Endmoräne zurückließen.

Insgesamt ist der **Sotto Ceneri** – im Gegensatz zum Sopra Ceneri – eher collin als alpin, trotz Gipfelhöhen, die im Norden über der Waldgrenze liegen, mit dem Monte Generoso noch beachtliche 1700 Meter erreichen. Die Topographie ist unübersichtlicher, kleinteiliger, aber von größerer geologischer Vielfalt: den aus kristallinen Gesteinen gebildeten Ketten des Támaro-Lema und Camoghè stehen Dolomitzacken wie die Denti della Vecchia, Liaskalkberge wie der Brè und der Generoso gegenüber; man stößt auch auf Porphyr, etwa am Monte Arbòstora. Am Monte San Giorgio bildet das rötliche Vulkangestein die Unterlage zu mehreren Kalk- und Dolomitschichten.

Entsprechend vielfältig präsentiert sich die Vegetation, zusätzlich begünstigt durch das mild-feuchte insubrische Klima, mit einigen voreiszeitlichen Reliktpflanzen am Generoso. Die Tanne fehlt hier – im Gegensatz zum Sopra Ceneri – fast völlig; Buchen bilden in der Regel die Baumgrenze. In tieferen Lagen dominieren Kastanien und Eichen, dazu kommt eine reiche Parkflora. Früher gab es sogar Ölbaumkulturen in der Umgebung Luganos, auch Maulbeerbäume zur Zucht von Seidenraupen für die Spinnereien in Lugano, Como und Lecco.

COMER SEE

Mit einer Fläche von 146 Quadratkilometer ist der Lago di Como oderLario weder der größte noch der längste unter den oberitalienischen Seen. Dafür hält er mit 410 Metern den Tiefenrekord. Und das besagt einiges: Er ist ein richtiger Alpenfjord, vom Grund bis zur Spitze des Monte Legnone drei Kilometer hoch! Eine Schifffahrt bestätigt diese Zahlenspielerei: Die Ufer sind steiler als drüben am Lago Maggiore, das Gewässer ist schmaler, Taleinschnitte fehlen weitgehend, die Horizontlinie verläuft höher. All das verleiht dem See ein ganz anderes Ambiente, weniger mediterran, rauer. Und es macht ihn besonders interessant für Bergsteiger.

Daran sind wiederum nicht nur die beachtlichen Höhenunterschiede schuld, sondern vor allem das „Baumaterial" der Berge am Ostufer: Kalk, Dolomit. Bereits über Lecco ragen Felsmauern senkrecht in den Himmel, und das Grignemassiv (Grignone, 2409 m) hält locker einen Vergleich mit den Cadinispitzen oder dem Latemar aus: ein Wald von Türmen hier wie dort, nur ist der Lario halt etwas größer als der Misurina- oder der Karersee, an deren Ufern im Frühling auch keine Azaleen und Magnolien blühen.So erstaunt es auch kaum, dass in den Grigne schon früh die ersten Alpenvereinshütten erbaut wurden, dass Lecco eine Bergsteigerstadt mit Tradition ist. Über dem Westufer des Sees gibt es eine durchgehend markierte Höhenroute, die „Via dei Monti Lariani" samt einer alpinen Variante, der „Alta via del Lario", zwischen dem Monte Grona und dem Resegone zwei Dutzend Klettersteige, dazu in den Grigne jede Menge bestens markierte Wanderwege. Die Comer-See-Region – ein Dorado für Bergfreunde!

Aber das Hochglanzbild hat (natürlich) auch ein paar Flecken. Die Städte sind hier noch näher als am Lago Maggiore: Como, Lecco. Bei Südwind liegt oft Smog über dem See, an Wochenenden gibt's jede Menge Ausflugsverkehr. Rußgeschwärzte Mauern und Hochschlote prägen das Bild der 50 000-Ein-

Auf dem Comer See: Cadenabbia und der Crocione.

wohner-Stadt Lecco, doch ihr Name ist untrennbar mit einer der großen Romanzen der Weltliteratur verbunden: „I promessi sposi" (Die Verlobten) von Alessandro Manzoni.

Gegensätze, sie gehören halt zum Lario: Am Legnone liegt noch Schnee, wenn an der Tremezzina bereits die Azaleen und Rhododendren blühen, Bellagio wird von Touristen überschwemmt, droben auf den Almen verfallen die Hütten. Eiseskälte im Gebirge, Sonnenschein an den Gestaden des Sees: Vielleicht ist es gerade dieses Nebeneinander, das den besonderen Zauber des Comer Sees, seiner Landschaft ausmacht.

KULTURELLES ERBE

Die Kulturgeschichte der Region ist stark von ihren bäuerlichen Wurzeln geprägt, aber auch von einer ungewöhnlichen künstlerischen Tradition. Es ist schon mehr als erstaunlich, was für eine Vielzahl von Talenten die armen Bergtäler über die Jahrhunderte hervorbrachten: Maler, Stuckateure, Steinmetzen, Baumeister, begnadete Architekten. Künstler aus der Valle d'Intelvi, aus dem Malcantone, dem Ceresio und dem (bündnerischen) Misox waren über die Jahrhunderte hinweg in halb Europa tätig; sie arbeiteten in Lissabon ebenso wie in Konstantinopel, in Wien und in Rom, ungezählte Kirchen und Paläste wurden von ihnen ausgeschmückt.

Bauen – Gestern und Heute

Im Tessin haben die „maestri" der Romanik und des Barock ihre Nachfolger gefunden: die „Neue Tessiner Schule", deren bekanntester Vetreter **Mario Botta** (geb. 1943) ist. Und der in aller Welt tätige Stararchitekt sieht sich durchaus in der Tradition der Alten, was er mit seinen Bauten immer wieder eindrucksvoll dokumentiert.

Das gelungenste Bauwerk der Region, eines ihrer Wahrzeichen, hat allerdings keinen berühmten Architekten: das **Rustico**. Aus Bruchsteinen gefügt, steht es tausendfach auf den Almen, den Maiensäßen, man begegnet ihm auf jeder Wanderung zwischen der Valle d'Ossola und dem Lario, staunt über kunstvoll geschichtetes Mauerwerk, die plattengedeckten Dächer.

Alphütten über der untersten Valle Anzasca.

AUS KÜCHE UND KELLER

Längst hat die italienische Küche ihren Siegeszug rund um die Welt angetreten, Pasta und Pizza sind auch hierzulande fester Bestandteil des Küchenzettels. Doch die **Cucina italiana** ist weit mehr als nur eine Küche; jede Region pflegt ihre eigene kulinarische Tradition, besitzt ihre Spezialitäten. Und im Fall der Seenregion im Norden des Landes sorgt allein schon die landschaftliche Vielfalt für viel Abwechslung in der Küche.

Und das gilt natürlich auch für das Tessin, das, obwohl Teil der Schweiz, seit jeher kulturelle Beziehungen zur lombardischen, aber auch zur Piemonteser Nachbarschaft pflegte. Das Westufer des Lago Maggiore gehört ja bereits zu jener Region Italiens, die Gourmets sogleich mit Trüffeln und Barolo in Verbindung bringen. Eine regionale Spezialität des Ortasees ist die **Trotella alla Savoia**, Forelle auf Champignons.

Aus der Lombardei stammen der **Ossobuco**, in Weißwein und Bouillon mitsamt dem Knochenmark geschmorte Scheiben der Kalbshaxe, und natürlich der (safran-)gelbe **Risotto alla milanese**. Doch wer weiß schon, dass das Wiener Schnitzel eigentlich eine italienische „Erfindung" ist? Es tauchte 1134 erstmals als „lombolos cum panitio" auf einer Mailänder Speisekarte auf; erst im 19. Jahrhundert kam das Rezept dann nach Wien!

Unverzichtbarer Bestandteil der lombardischen Küche ist neben dem Reis die **Polenta**, ein fester Maismehlbrei, traditionell im Kupferkessel über dem offenen Feuer zubereitet, oft mit Käsestückchen serviert. Einst ein echtes Arme-Leute-Essen, hat sie längst auch in der Haute Cuisine ihren Platz.

MERLOT-RISOTTO

Eine kleine Zwiebel fein hacken;
10 g Butter erhitzen; Zwiebel an-
dünsten; 80 g Vialone-Reis bei-
geben; gut rühren, mit 2/10 l Merlot ablöschen und 3/10 l Fleisch-
brühe zugießen. Reis unter Rühren
körnig weich kochen. 30 g Butter
und zwei Esslöffel Parmesan unter-
mischen, mit Salz Pfeffer und Thymian-
blättchen würzen. Buon appetito!

Im Tessin sehr populär ist die **Busecca** (Kuttelsuppe); aus dem Varesotto stammt die **Faraona alla Valcuvia**, lecker zubereitetes Perlhuhn.

Eine zentrale Rolle in der Küche der oberitalienischen Seenregion kommt natürlich dem Fisch zu, der gedünstet, gebraten oder gegrillt serviert wird. Regionale Spezialitäten wie **Lavarelli al vino bianco** (Felchen in Weißwein), **Anguilla del pescatore** (Aal nach Fischerart), **Agonia alla comasca** (Alsen nach Comer Art) und **Zuppa di pesce alla Tremezzina** (Fischsuppe) findet man allerdings nur in besseren Lokalen auf der Karte.

Einen guten Ruf genießen die Käse der Region. Eine Spezialität des Sotto Ceneri sind die **Formaggini**, Frischkäse aus Ziegenmilch; aus der Valsássina stammt der **Robiola**, in der Brianza werden die **Gaprini**, schmackhafte Weichkäse, produziert.

Der Tessiner Wein schlechthin heißt **Merlot**, rubinrot, mit einem feinen Bukett und gut lagerfähig, gewonnen aus den Trauben Bondola, Freisa und Barbera. Wer zum Essen einen „Vino della casa" (im Tessin „Nostrano") bestellt, bekommt meistens einen guten, eher leichten Landwein aus der Gegend serviert.

Das „Brot der Armen"

Von den Römern eingeführt, war die Kastanie einst ein Grundnahrungsmittel, vorab der armen Leute. Das kultivierte Buchengewächs (Castanea sativa), das tausend Jahre alt werden kann und im submontanen Höhenbereich bis gegen 1000 Meter zu mächtigen Bäumen heranwächst, wurde früher vielfältig genutzt: die Blüten liefern einen vorzüglichen Honig, die stacheligen Schalen dienten als Brennmaterial, die Blätter als Stroh fürs Vieh. Wird ein Baum knapp über dem Boden abgesägt, wächst um den Stumpf ein Kranz junger Pflanzen, die als Rebstickel oder Zaunpfähle verwendet werden können; das Holz gilt als sehr robust. Küfer schätzen es ganz besonders, soll doch „in keinen anderen Fässern der Wein so haltbar und köstlich werden". Aus Kastanienholz wurde auch Tannin, eine Säure zum Gerben von Leder, gewonnen; aus Kastanienmehl backte man Brot.

Recht interessant ist auch ein Blick auf die Verfahren zur Haltbarmachung der Früchte. Manche Sorten müssen mehrere Tage gewässert werden (um die gesunden von den fauligen Kastanien zu trennen), ehe man sie trocknet. Im sogenannten Trockenhäuschen wurden die Kastanien früher bei einem rauchigen Feuer „gedörrt". Man kann die Kastanien auch in Wasser kochen oder im Kamin braten. Im Winter weiß man die „Maroni" als besondere Köstlichkeit diesseits des Alpenhauptkamms zu schätzen, dann allerdings zu einem stolzen Stückpreis.

1

Über den Salmone (1560 m)

Auf alten Tessiner Wegen:
Verscio – Salmone – Passo della Garina – Loco
                                                    Karte: D/E 2

mittel

12 km

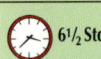
6½ Std.

↑ 1200 m
↓ 850 m

nein

*Vorherige
Doppelseite:
Herbstwan-
dern im Hin-
terland des
Lago Mag-
giore.*

Tourencharakter: Anstrengende Gipfel-wanderung; gute Kondition wichtig. Im Sommer sehr heiß, dann ganz früher Aufbruch ratsam.
Beste Jahreszeit: Frühling und Herbst bis zum ersten Schnee.
Ausgangspunkt: Verscio (274 m), Dorf im Pedemonte.
Endpunkt: Loco (691 m) in der Valle Onsernone.
Wanderkarte: Orell Füssli 1:25 000, Blatt: Locarno – Ascona, Dintorni e Valli. Erhältlich vor Ort.
Markierung: Weiß-rot-weiß bezeichnete Bergwege, gelegentlich in reichlich großen Abständen gesetzte Markierun-gen.
Verkehrsanbindung: Verscio besitzt

Bahnverbindung mit Locarno (Centoval-li-Strecke), gute Straße, 7 km; weiter via Cavigliano nach Loco 8 km (Postbus).
Einkehr: Nur in den Dörfern Verscio und Loco; unterwegs keine bewirtschaf-tete Hütte. Ausreichend Getränke mit-nehmen!
Unterkunft: Albergo-Ristorante „Cento-valli", CH-6652 Ponte Brolla; Tel. 091/796 14 44, Fax 796 31 59. Das gut geführte Haus bietet bodenständige, preiswerte Tessiner Küche, dazu einen Merlot aus eigenem Anbau.
Tourist-Info: Ente Turistico Locarno e Valli, CH-6601 Locarno, Via Largo Zorzi 1; Tel. 091/751 03 33, Fax 751 90 70, Internet: www.lagomaggiore.org.

Verbinden sich in → **Locarno** und → **Ascona** alpine und mediter-rane Einflüsse zu einem sehr „südlichen" Ambiente, so macht ei-nem der Salmone – keine zehn Kilometer vom Ufer des Lago Maggiore entfernt – kompromisslos klar, weshalb der Sopra Ce-neri als „Ticino granito" bezeichnet wird: Steine. Sie sind hier das Baumaterial schlechthin, nicht nur der Berge, auch Wege und Hütten sind aus Steinen gefügt, geschichtet. Und unterwegs, am langen Aufstieg, wächst mit jedem Höhenmeter die Erkenntnis, dass die Südalpen halt doch anders sind: steiler, heißer, wilder.

*Alter Platten-
weg am
Salmone*

Der Wegverlauf

In → **Verscio** (274 m) zunächst zwischen den alten Häusern des bergseitigen Ortskerns hindurch, dann links im Schatten von Kastanien und Eichen auf dem alten Plattenweg bergan. Nach gut einer Stunde (658 m) kreuzt man den Hangsteig, der von Streccia zur Mündung der Valle Onsernone führt. Weiter in zahllosen Kehren, an mehreren zu Wee-kend-Häuschen umgebauten Rustici vorbei, über den steilen Hang aufwärts. Hinter **Vii** (1126 m; 3 Std.) muss man gut auf die spärlichen Markierun-

Im Sommer sind die kühlen Badeplätze bei Ponte Brolla (254 m) mit ihren von der Maggia aus dem Granit gewaschenen Felswannen möglicherweise anziehender als der „heiße" Weg auf den Salmone. Natürlich ist auch beides möglich: erst auf den Berg und dann kopfüber ins Wasser ...

gen achten: erst kurz rechts, dann in einer längeren Hangquerung durch lichten Birkenwald zu einem Aussichts- und Rastplatz (ca. 1270 m) unter einer mächtigen, uralten Buche. Nach Westen öffnet sich hier das von einem Kranz hoher Berge umrahmte Onsernonetal; Blickfang ist aber das riesige Gerölldelta der Maggia, vom kanalisierten Fluss säuberlich in zwei Hälften geteilt, das sich Jahr für Jahr ein bisschen weiter in den Lago Maggiore hinausschiebt. Zur Römerzeit war Solduno Uferort, und im 18. Jahrhundert lag Locarnos Piazza Grande noch direkt am See.

Der Weiterweg leitet, einen kleinen Felsaufschwung umgehend, zum Kamm und im Buchenwald zur **Testa** (1357 m). Dahinter geht's fast flach in die Forcola (1382 m) und schließlich – andiamo! – über einen letzten Aufschwung zum Gipfel des **Salmone** (1560 m; 4,5 Std.). Das Panorama beeindruckt weniger durch seine Weite; es vermittelt vielmehr ein gutes Bild von der steilen Topographie des Maggiatals. Höhenunterschiede von 2000 und mehr Metern auf wenigen Kilometern sind hier keine Seltenheit!

Nordseitig führt der schmale Steig am Bergrücken hinüber zum Vorgipfel Pizen (1537 m), dann in den bewaldeten Westhang und über ihn bergab zum **Passo della Garina** (1076 m). An der weiten Senke mit ihren Hütten hält man sich links und folgt dem rot-weiß markierten Wanderweg, der durch ein Seitentälchen hinabzieht in die Valle Onsernone. Am Rand von → **Loco** (691 m; 6,5 Std.) stößt man auf die Talstraße.

2

Der Monte Verità - ein Traumberg?

Aussichtspromenade über dem Lago Maggiore:
Ascona– Monte Verità – Ronco sopra Ascona – Brissago   Karten: E 2/3

leicht

11 km

3 Std.

↑ 250 m
↓ 250 m

ja

Tourencharakter: Gemütlicher Spaziergang über dem Nordufer des Lago Maggiore. Nur am Beginn kurzer und wenig beschwerlicher Anstieg.

Beste Jahreszeit: Praktisch das ganze Jahr über möglich; besonders schön im Frühjahr und im Herbst.

Ausgangspunkt: Ascona (199 m), berühmter Ferienort am obersten Lago Maggiore.

Endpunkt: Brissago (211 m).

Wanderkarte: Orell Füssli 1:25 000, Blatt: Locarno – Ascona, Dintorni e Valli; Kompass 1:50 000, Blatt 90: Lago Maggiore – Lago di Varese.

Markierung: Gelbe Markierungen, Wegzeiger.

Verkehrsanbindung: Ascona, Ronco

und Brissago besitzen Busverbindung miteinander; dazu fahren regelmäßig Busse nach Locarno. Gute Straßen, allerdings überall gebührenpflichtige Parkplätze. Ein Tipp: Von Brissago nach Ascona zurück übers Wasser – mit einem Schiff der „Navigazione del Lago Maggiore".

Einkehr: Restaurants und Grotti in Ascona, Ronco und Brissago.

Unterkunft: „Della Posta", CH-6613 Ronco sopra Ascona; Tel. 091/ 791 84 70, Fax 791 45 33. Kleines Albergo in prächtiger Lage, gute Küche.

Tourist-Info: Ente Turistico Ascona e Losone, CH-6612 Ascona; Tel. 091/791 00 90, Fax 792 10 08, Internet: www.ascona.ch.

Der Kirchturm von Ronco.

Die Höhenwanderung vom Monte Verità über → **Ronco** nach → **Brissago** bietet nicht nur viel Aussicht auf den Langensee (Maggiore) und seine Berge, sie ist zugleich auch eine Zeit- und Kulturreise. Bei Balladrum wurde prähistorisches Material ausgegraben, am → **Monte Verità** der Aufstand gegen die Bourgeoisie geprobt, auf dem kleinen Friedhof von Ronco liegt Erich Maria Remarque („Im Westen nichts Neues") begraben.

Der Wegverlauf

An der Via Borgo in → **Ascona** (199 m) weist ein gelbes Wanderwegschild zum → **Monte Verità** (321 m): hinauf, teilweise über Treppen, dann wieder eine Straße querend, Mauern und Hecken links wie rechts, nur gelegentlich zeigt sich die glitzernde Wasserfläche des Lago Maggiore. Den genießen hier dafür die Villenbesitzer – wenn sie zufällig anwesend sind ...

In der Nähe der **Villa Anatta**, am Eingang zum Parco Parsifal, beginnt links ein Höhenweg, der die felsdurchsetzten Hänge unterhalb der Castelli (379 m) und des Balladrum (483 m) quert, mit Aussicht

Tipp

Der Pizzo Leone (1659 m) ist ein lohnendes Ziel für kräftige Biker, auf ausgeschilderter Route von Arcegno (387 m) über Pian Caregnano hinauf zu den Monti di Ronco und weiter bis Pozzuolo (1181 m), etwa 10 km. Weiter zu Fuß über die Alpe di Naccio (1395 m) in 1,5 Std. zum Gipfel.

über den See auf die Riviera del Gambarogno und zum Monte Gambarogno (1734 m). Bei der **Cappella Gruppaldo** (400 m) stößt man auf die von Arcegno kommende Straße, verlässt sie aber bald wieder, um auf dem etwas tiefer verlaufenden (ebenfalls asphaltierten) Sträßchen → **Ronco sopra Ascona** (350 m; 2 Std.) anzusteuern. Draußen im Lago Maggiore die beiden **Isole di Brissago**. Weiter auf engen Gassen durch den malerischen Flecken nach Fontana Martina (366 m), dann über Treppen hinunter zur Uferstraße. Man verlässt sie bald hangaufwärts und folgt dem Fahrweg, der mit einem kleinen Zwischenanstieg direkt ins alte Ortszentrum von Brissago (211 m; 3 Std.) führt.

Variante: Zwischen Ronco und Brissago gibt es einen zweiten, etwas höher am (aussichtsreichen) Hang verlaufenden Weg. Er quert hinter Ronco sopra Ascona den Graben der Valle di Crodolo und läuft dann, allmählich an Höhe verlierend, hinüber zum malerisch-verwinkelten Weiler Porta (370 m). Nun steil, die Straßenkehren abkürzend, hinab nach Brissago.

3

Auf den Monte Torriggia (1703 m)

Zum Belvedere der Val Cannobina: Cùrsolo – Monte Vecchio di Orasso –
Monte Torriggia – Alpe Pluni – Monti di Cùrsolo – Cùrsolo   Karten: C/D 3

 mittel

 10 km

 5 Std.

 ↑ 820 m ↓ 820 m

 ja

Tourencharakter: Abwechslungsreiche, im Hochsommer ziemlich „heiße" Runde auf markierten Wegen.
Beste Jahreszeit: Frühling und Herbst bis zum ersten Schneefall.
Ausgangs- und Endpunkt: Cùrsolo (886 m), Bergdorf in der obersten Val Cannobina.
Wanderkarte: Kompass 1:50 000, Blatt 90: Lago Maggiore – Lago di Varese.
Markierung: Gut bezeichnete Wege; Hinweistafeln an den Verzweigungen.
Verkehrsanbindung: Von Cannobio (214 m) am Lago Maggiore recht kurvenreiche, aber ordentliche Talstraße, etwa 20 km; Parkplatz vor dem Ort. Busverbindung mit Cannobio.
Einkehr: Rifugio al Monte Vecchio di Orasso (1094 m); Auskunft über Bewirtschaftung in Cùrsolo.
Unterkunft: „Belvedere", Frazione Orasso, I-28825 Cùrsolo; Tel. 0323/7 71 36. Das einzige Hotel im Cannobinatal.
Tourist-Info: Ufficio Turistico, Viale Vittorio Veneto 4, I-28822 Cannobio; Tel./Fax 0323/7 12 12.

Kontraste am Lago Maggiore: Hier der Ufersaum, verbaut, verkehrsgeplagt, im Sommer viel Volk am und im Wasser; dort das Hinterland, Natur pur, kaum Menschen, ein paar Bergnester. Dazu kommt im Fall der Valle Cannobina ein verzweigtes, bestens markiertes Wegenetz, was eine Fülle von Tourenmöglichkeiten eröffnet, zwischen dem Tal und den (teilweise beachtlich hohen)

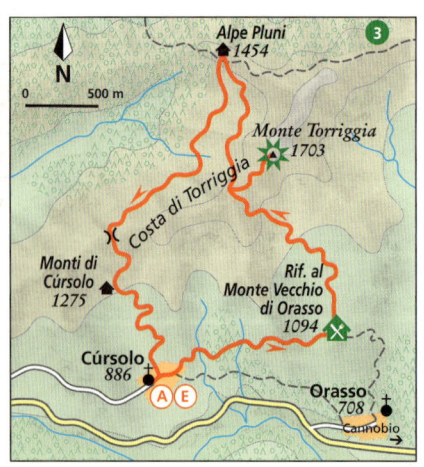

Gipfeln. Einen besonders reizvollen Blick über die Val Cannobina, seine verästelte Topographie und die langen Grate bietet der Monte Torriggia.

Der Wegverlauf

Vom Parkplatz in **Cùrsolo** (886 m) durch den Ort auf dem alten, mauergesäumten Weg bergan zum **Monte Vecchio** (1094 m; 0,75 Std.), wo man auf der Terrasse des Rifugio al Monte Vecchio di Orasso seinen Durst stillen kann. Richtig heiß unterm Hemd wird's allerdings erst am Weiterweg, der, gut bezeichnet, über den steilen Wiesenhang ansteigt, zunächst gegen drei isoliert stehende, mächtige Buchen, dann linkshaltend zu den „Denti della

Vecchia", ein paar ziemlich ruinöse Felszähne. Ein Stück oberhalb stößt man auf eine beschilderte Weggabelung (ca. 1560 m):
rechts über den gutmütigen Grat zum Gipfel des Monte Torriggia
(1703 m; 2,75 Std.), links zur **Alpe Pluni** (Polunia, 1454 m).
Die längst aufgegebene Alm liegt im Rücken des **Monte Torriggia**, ein wegloser Direktabstieg nach Nordwesten ist aber nicht
ratsam (Felsen, verstrauchtes Gelände). Da geht man besser
zurück zur erwähnten Wegverzweigung und folgt dem ordentlichen Pfad, der leicht fallend die Westflanke des Bergstocks
schneidet. Ein kurzer
Abstecher (Hinweistafel)
führt durchs Unterholz
hinauf zur **Alpetta**
(1563 m), dem „schön-
sten Rastplatz an der Torriggia". Zu einer länge-
ren Rast lädt natürlich
auch Pluni (3,5 Std.) ein,
weniger die zum Biwak
umfunktionierte ehema-
lige Alphütte. Über die
Valle Vigezzo hinweg
geht der Blick zu den
Walliser und Tessiner Al-
pen; im Osten bauen
sich die dunklen Felsen
der Rocce del Gridone
(2155 m) auf. Ihre Über-

schreitung auf der „Alta via del Gridone" gilt als anspruchsvollste
Bergtour der Val Cannobina: sehr lang, mit einigen gesicherten
Passagen und Kletterstellen im Schwierigkeitsgrad II und III.

*Dächerland-
schaft in
Cùrsolo.*

Ungleich kürzer und natürlich ohne Kletereinlagen ist da der
Rückweg von Pluni nach Cùrsolo. Er führt, allmählich an Höhe
verlierend, um die Costa di Torriggia, den Südwestkamm des
Bergstocks, herum und senkt sich dann zu den Ruinen der Monti
di Cùrsolo (1275 m). Anschließend geht man im Zickzack auf
dem alten Plattenweg hinab ins Tal, mit Aussicht auf → **Gurro**
(812 m), über dem die hohe Pyramide des Monte Zeda (2156 m)
in den Himmel ragt.

4 Über die Piota (1925 m)

Wanderrunde im Schatten des Monte Zeda:
Gurro – Alpone – La Piota – Passo delle Crocette – Gurro   Karten: C 3

 anspr.

 15 km

 7 ¼ Std.

 ↑ 1250 m ↓ 1250 m

 nein

Tourencharakter: Anspruchsvolle Gipfelüberschreitung; am „Sentiero Bove" einige leichte Kletterstellen (I). Abstieg aus dem Passo delle Crocette extrem steil – bei Nässe eine sehr unangenehme Rutschpartie! Gute Kondition erforderlich.
Beste Jahreszeit: Ende Mai bis Oktober.
Ausgangs- und Endpunkt: Gurro (812 m), Bergdorf in der Val Cannobina.
Wanderkarte: Kompass 1:50 000, Blatt 90: Lago Maggiore – Lago di Varese.
Markierung: Ordentlich bezeichnete Wege, an den Verzweigungen

überall Hinweistafeln.
Verkehrsanbindung: Von Cannobio (214 m) am Westufer des Lago Maggiore recht kurvenreiche, aber ordentliche Straße, 18 km; Parkplatz am Ortseingang. Busverbindung Cannobio – Val Cannobina – Gurro.
Einkehr: In Gurro in der „Scotch Bar"; unterwegs keine bewirtschaftete Hütte.
Unterkunft: —
Tourist-Info: Ufficio Turistico, Viale Vittorio Veneto 4, I-28822 Cannobio; Tel./Fax 0323/7 12 12

Einen guten Eindruck von der recht wilden Berglandschaft der Valle Cannobina vermittelt diese Rundtour über die Piota, ein eher unscheinbares Gipfelchen im langgestreckten, felsigen Nordgrat des Monte Zeda (2156 m).

Der Wegverlauf

Die abwechslungsreiche Runde beginnt in → **Gurro** (812 m). Gegenüber der „Scotch Bar" entdeckt man den ersten Hinweis auf das Tourenziel: „Tresco, Vanzone, Alpone, Piota" verkündet der Wegzeiger, nennt damit gleich die Stationen des Aufstiegs. Die

breite Senke von **Tresco** (1026 m; Brunnen) ist nach gut halbstündigem Anstieg erreicht. Hier rechts, an mehreren umgebauten Rustici vorbei, und hinauf zu den Ferienhäusern von Vanzone (1172 m), dann über einen Wiesenboden in den Wald und - zuletzt fast eben - in den Pian di Nasca. Hier bietet sich ein schöner Blick auf das Felsdreieck des Monte Zeda (2156 m), der den Talschluss von Falmenta beherrschend überragt. Nun auf der Nordwestseite des Ber-

4

Der Sentiero Bove

Wer große Touren mit leicht aben-
teuerlichem Touch mag, also die
Berge so richtig erleben will,
kommt in der Val Cannobina am
„Sentiero Bove" nicht vorbei. Die
Unternehmung eignet sich allerdings, trotz guter Markierungen,
nur für ausdauernde Fährtensu-
cher mit Erfahrung in alpinem, oft
weglosem Gelände. Der Wegver-
lauf: Falmenta (669 m) – Bivacco
all'Alpe Fornà – Monte Zeda
(2156 m) – La Piota (1925 m) –
Passo delle Crocette – Monte Torrione (1984 m) – Marsicce
(2135 m) – Cima dei Fornaletti
(1815 m) – Finero (896 m). Gehzeit etwa 12 Std., Nächtigung im
Bivacco all'Alpe Fornà (1649 m)
dringend empfohlen.

grückens quer durch schier
endlose Heidelbeerfelder, was
im Hochsommer ein zügiges
Weiterkommen fast unmöglich
macht. Da kommt man dann
halt in **Alpone** (1539 m;
2,5 Std.) mit blauen Fingern und
einiger Verspätung an ...

Nicht mehr allzu weit ist auch
der Gipfel: hinter den Hütten
von Alpone hinauf gegen den
Nordostgrat und über ihn leicht
zur **Piota** (1925 m; 3,75 Std.).

Die Überschreitung auf einem
Abschnitt des „Sentiero Bove"
zum **Passo delle Crocette** (ca. 1780 m; 5 Std.) bietet einen
hübschen Mix aus Fels und Wiesen, Gehgelände und leichter
Kraxelei, mal am, dann wieder unterhalb vom Grat, immer der
dünnen Wegspur nach. Wo sie sich zwischen den Steinen und
im hohen Gras verliert, helfen die guten Markierungen weiter. An
der markanten Senke vor dem Torrione (1984 m) beginnt dann
der eigentliche Abstieg, weitgehend weglos, mehr Hinabhangeln
im Unterholz als Gehen, sausteil dazu, dank der in kurzen Abständen gesetzten Markierungen aber nicht zu verfehlen. Aus einer Blockrinne leiten die Farbkleckse rechts zu den Ruinen der
Alpe Balmo (1485 m), dahinter ansteigend auf ein Felsband. Um

*Almen und
Berge über
der Val Can-
nobina.*

ein Eck herum kommt man zur
Alpe Vandra (1469 m; Brunnen). Dann gehts auf dem alten
Almweg in Kehren durch den
Wald bergab. Man quert ein
meist ausgetrocknetes Bachbett
und stößt dahinter auf eine
Schotterpiste, die, vorbei an
den Rustici von Prà del Ru
(1127 m), talauswärts führt. Ab
Paietta (1015 m) hat man ein
richtiges Sträßchen, zuletzt sogar mit Asphaltdecke.

5 Der Monte Zeda (2156 m)

Der schönste Aussichtsgipfel am Lago Maggiore:
Passo Folungo – Pian Vadà – Monte Zeda   Karten: C 4

 mittel

 10 km

 4 Std.

 ↑ 800 m ↓ 800 m

 ja

Tourencharakter: Verhältnismäßig leichte, sehr dankbare Gipfeltour auf viel begangenem Weg. Als Ausgangspunkt kommt neben dem Passo Folungo auch Miazzina in Frage (siehe bei Wegverlauf/Variante).
Beste Jahreszeit: Ende Mai bis November, je nach Schneelage.
Ausgangs- und Endpunkt: Passo Folungo (1369 m), kleiner Straßenpass am langgestreckten Ostgrat des Zedamassivs.
Wanderkarte: Kompass 1:50 000, Blatt 90. Lago Maggiore – Lago di Varese.
Markierung: Viel begangene Wege, spärlich markiert, wegen des eindeutigen (Kamm-)Verlaufs aber keine Orientierungsprobleme.
Verkehrsanbindung: Zwischen Intra und Premeno, Manegra und Aurano verkehrt ein Bus, doch sind diese Ortschaften noch weit vom Ausgangspunkt der Tour entfernt. Wer auf öffentliche Verkehrsmittel angewiesen ist, wählt mit Vorteil Miazzina (736 m), ein Dörfchen nördlich von Intra, als Ausgangspunkt (siehe Wegverlauf/Variante).
Einkehr: Bei Anstieg von Miazzina Einkehr im Rifugio Pian Cavallone (1528 m), geöffnet Juni bis Oktober an den Wochenenden, im August durchgehend.
Unterkunft: „Vecchio Albergo Milano", Piazza Secchi 3, I-28817 Miazzina; Tel. 0323/49 43 35.
Tourist-Info: Ufficio Turistico, Corso Zanitello 6/8, I-28838 Verbania; Tel./Fax 0323/50 32 49.

Die Besteigung des Monte Zeda (2156 m) gehört einfach ins Programm einer Tourenwoche am Lago Maggiore: großes Panorama, phantastischer Seeblick. Und der Weg zur Riesenaussicht ist nicht einmal besonders weit, schwierig auch nicht. Etwas mehr Anstrengung ist erforderlich, wenn man statt des hochgelegenen Passo Folungo (1369 m) das Bergdorf Miazzina im Hinterland von Intra als Ausgangpunkt für die Gipfeltour wählt.

Der Wegverlauf

Der Aufstieg vom **Passo Folungo** wird durch die ehemalige „Strada Cadorna" vorgezeichnet. Sie gewinnt bei angenehmer Steigung in ein paar Schleifen an der Südostflanke des Monte Vadà (1814 m) an

Der untere Lago Maggiore vom Monte Zeda.

Höhe, quert dann unter dem Gipfel zum Pian Vadà (ca. 1820 m). Hier endet die alte Kriegsstraße; zum Gipfel hat man noch gut 300 Höhenmeter, weniger als eine Stunde im Zickzack über den grasigen, zum Gipfel hin felsigen Ostgrat (2,5 Std.). – Abstieg auf dem gleichen Weg oder südseitig über den Pizzo Marona.

Tipp

Das Hinterland von Verbania ist ein tolles Bike-Revier. Auf den nur schwach frequentierten, fast durchwegs asphaltierten Straßen finden auch Rennradler mit guter Kondition viele Möglichkeiten. Eine besonders reizvolle Strecke führt von Intra über Premeno (804 m), Manegra (883 m) und den Kulminationspunkt **Colle** (1238 m) hinab nach Trarego (771 m) und nach Cánnero Riviera (225 m) am Westufer des Lago Maggiore, gut 40 km, Steigungen zwischen 5 und 12 %, Höhenunterschied 1000 m. Und dazu jede Menge Aussicht auf den See und seine Bergkulisse. Einfach Klasse, die Tour!

Variante: Von **Miazzina** (736 m) über den teilweise bewaldeten Südhang steil hinauf zur Cappella Fina (1102 m; 1 Std.; hierher auch Straße), dann auf schönem Weg in angenehmer Steigung unter der Testa Cremisello (1278 m) hindurch und in die steilen Ostabstürze des Pizzo Pernice (1506 m). Nächstes Zwischenziel ist die grasige Kuppe des **Pian Cavallone** (1564 m; 2,5 Std.) mit der Ruine eines Berghotels aus der „guten alten Zeit". Einkehren kann man auch heute noch, allerdings im Rifugio Pian Cavallone (1528 m), das etwas abseits des Höhenweges in der Südflanke des Monte Todano (1667 m) steht.

Der Weiterweg zum Monte Zeda führt von der Weggabelung am Kamm (Kapelle) flach durch die Westflanke des Monte Todana zur Forcola (1518 m). In der Scharte wechselt der Pfad auf die Ostseite des Kamms; in steilem Anstieg (einige Kettensicherungen) gewinnt man hinter der Cima Cugnacorta (1894 m) wieder den nun ziemlich felsigen Grat. Über die Stufen der „Scala Santa" (Geländer) hinauf zur Kapelle knapp unter dem Gipfel des **Pizzo Marona** (2051 m; 4,5 Std.). Um die Kuppe herum und am Kamm entlang, zuletzt ziemlich steil zum **Monte Zeda** (5 .25 Std.). – Abstieg auf dem gleichen Weg (3,25 Std.).

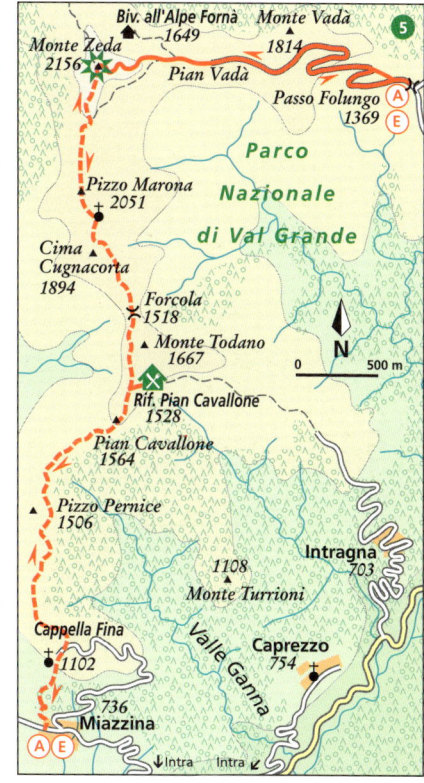

6 Auf die Cima Sasso (1916 m)

Schroffer Grat im Herzen des Nationalparks:
Cicogna – Casa dell'Alpino – Monte Spigo – Cima Sasso   Karten: C 4

anspr.

12 km

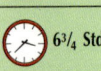

6³/₄ Std.

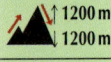

↑ 1200 m
↓ 1200 m

nein

Tourencharakter: Recht anspruchsvolle Gipfeltour; Trittsicherheit und Erfahrung in weglosem Gelände unerlässlich! Bei Nebel ist von der Tour abzuraten.
Beste Jahreszeit: Mai bis Mitte November, je nach Schneelage.
Ausgangspunkt: Cicogna (732 m), Bergnest in der Val Pogallo. Parkplatz vor dem Dorf.
Wanderkarte: Kompass 1:50 000, Blatt 97: Omegna – Varallo – Lago d'Orta.
Markierung: Bis zur Alpe Leciuri rotweiß markierter Weg, im weiteren Verlauf ohne Bezeichnung. Am Gipfelaufschwung einige Steinmännchen.

Verkehrsanbindung: Cicogna (732 m) erreicht man von Intra über Santino (304 m); ab Rovegro (366 m) nurmehr einspurige Straße mit wenig Ausweichen. Hinter dem Ponte Casletto (411 m) einige extrem enge Serpentinen; absolutes Parkverbot an diesem Streckenabschnitt.
Einkehr: Casa dell'Alpino (1250 m), Auskunft über Bewirtschaftung in Cicogna.
Unterkunft: Keine
Tourist-Info: Ufficio Turistico, Corso Zanitello 6, I-28922 Verbania; Tel./Fax 0323/50 32 49

Mitten in den „Parco Nazionale Val Grande" führt diese Wanderung, aus dem Pogallotal über die verlassenen Almen bis zum „Steingipfel" (= Cima Sasso). Es ist eine Tour, die einem vor allem eines deutlich macht: die ungeheure Wildheit dieser Bergregion am Südrand der Alpen, die gewaltigen Höhenunterschiede auf engem Raum. Keine sanften Hügel, nur schroffe Felsen rundum, abschüssige Grasflanken, gezeichnet von Erosion. Das Leben in dieser Grenzregion, es war hart und entbehrungsreich. Doch längst verfallen die Almen, der Mensch kehrt zurück ins Tal, die

Natur erobert sich ihr Terrain wieder: Wilderness Val Grande.

Der Wegverlauf

Der Aufstieg beginnt gleich neben der Kirche. Man nimmt den alten, rot-weiß-rot markierten Pfad, der sich zwischen den Häusern von Cicogna hindurchschlängelt, dann in Serpentinen über den Steilhang hinaufzieht, zunächst weitgehend ohne Aussicht. Nur ab und zu geben die Kastanienbäume einen Blick auf die glitzernde Wasser-

Herbstnebel über der Mündung zur Val Grande.

fläche des Lago Maggiore frei. Dafür vermitteln die Tafeln des Themenweges („La civiltà della fatica") Einblicke in das harte Leben der Bergbauern. Mehr Aussicht gibt's dann auf der **Alpe Prà** (1250 m; 1,5 Std.); im Sommer lädt die Casa dell'Alpino mit ihrer Terrasse zur Rast ein.

Der Weiterweg führt hinter der Alm in den Wald, links um den ersten Gratzacken herum und in seinem Rücken durch eine gerade meterbreite Scharte auf die Ostseite des Kamms zur verfallenen **Alpe Leciuri** (1311 m). Hier öffnet sich ein Prachtblick auf den Gipfelkranz der Val Pogallo.

Nun links im Wald zurück zum Grat, dann über leichte Felsen auf den **Monte Spigo** (1439 m). Der Weg ist zwar nicht markiert, aber im Verlauf eindeutig. Den Vorbau der **Colma di Belmello** umgeht man rechts, auf der Ostseite des Kamms, den Gipfelfelsen weicht die Spur erst rechts aus (sie können auch direkt überklettert werden), ehe sie nach links auf eine kleine Anhöhe (ca. 1620 m) knapp unter dem höchsten Punkt quert.

Nun hat man freie Sicht auf die Cima Sasso; gut auszumachen ist der weitere Verlauf des Anstiegs: zunächst leicht abwärts zum Kamm, dann am Grat entlang, zuletzt ein paar Zacken rechts umgehend, in die kleine Scharte (ca. 1750 m) vor dem Gipfelaufschwung. Über ein Blockfeld steil aufwärts (Steinmännchen), dann in die Ostflanke und – die abschüssige, felsdurchsetzte Flanke im Anstieg querend – zum Grat. Man gewinnt ihn im Rücken des Gipfels; links über leichte Felsen zum höchsten Punkt der **Cima Sasso** (4,25 Std.). – Abstieg auf gleichem Weg.

7

Der Pizzo Proman (2099 m)

Koloss über der Val Grande:
Colloro – Lut – La Colma – Pizzo Proman

Karte: B 4

anspr.

19 km

7 ¾ Std.

↑ 1480 m
↓ 1480 m

nein

Tourencharakter: Anstrengende Gipfeltour, im Sommer vor allem Anstieg zur Colma sehr schweißtreibend. Früher Aufbruch ratsam. Vorsicht: Viele Schlangen!

Beste Jahreszeit: Mitte Juni bis Mitte Oktober.

Ausgangspunkt: Brücke (ca. 620 m) hinter Colloro (523 m), am Sträßchen nach Lut. Weiterfahrt nicht gestattet.

Wanderkarte: Kompass 1:50 000, Blatt 97: Omegna – Varallo – Lago d'Orta.

Markierung: Am Anstieg zur Colma einige wenige rote Markierungen, sonst weitgehend unmarkiert.

Verkehrsanbindung: Premosello Chiovenda (222 m) ist Station an der Bahnstrecke Gravellona – Domodossola. Schmale Serpentinenstraße hinauf nach Colloro (523 m). Über dem Weiler, 4,8 km von Premosello, gabelt sich die Route: links nach Capraga, rechts Richtung Lut. Parkmöglichkeit an der Brücke.

Einkehr: Keine Hütte am Weg; ausreichend Getränke mitnehmen!

Tourist-Info: APT dell'Ossola, Corso Ferraris 49, I-28037 Domodossola; Tel. 0324/48 13 08, Fax 4 79 74.

Die Besteigung des **Pizzo Proman** kann eine Bergtour wie so manch andere sein, aber auch eine Reise zwischen zwei Welten, aus dem modernen Italien zurück in jene Zeit, die nicht nur alt und gut, sondern vor allem anders war. „Rispetta la natura!" mahnt ein großes Schild an der Straße in die Valle d'Ossola, unweit der Autobahn, die auf dicken Betonpfeilern über die Mündungsebene des Toce führt. Doch viel Natur ist hier nicht mehr zu schützen: Steinbrüche, Fabriken, Supermercati und eine Mülldeponie nebst zahlreichen vergammelten Bauten bilden einen scharfen Kontrast zu den schroffen Bergen rundum. Auf ihnen gäb's noch keine (Bau-)„Sünd'", würde man meinen, doch mittlerweile sind die Planierraupen bis zu den ehemaligen Mai-

Alte Mauern, neue Besitzer: La Piana

ensäßen hoch über Premosello vorgedrungen. Weiter kommt man nur noch zu Fuß, wie schon immer, und jenseits der Colma, in der Val Grande, herrscht (heute) die Natur. Das war allerdings auch nicht immer so; noch zu Beginn unseres Jahrhunderts wurde der Wald in der Val Grande systematisch abgeholzt. Mit Seilbahnen schaffte man den Rohstoff über die Berge an die Simplon-Bahnlinie; die größte – von In la Piana bis Premosello – war fast zehn Kilometer lang!

Tempi passati. Heute ist das Kerngebiet des „Parco Nazionale Val Grande" nur mit einigen Mühen erreichbar; ein einziger Weg führt quer durch das Parkgebiet im Hinterland des Lago Maggiore: Hier schützt sich die Natur selbst! Einen Prachtblick in das vielfach verästelte Tal, auf seine wilden Gräben und zerfurchten Bergflanken bietet der Pizzo Proman, einer der Hauptgipfel der Region. Doch Vorsicht, sogar diesen Blick vom Rand aus muss man sich erst einmal verdienen ...

Die Val Grande vom Pass La Colma.

Der Wegverlauf

Der Auftakt zur großen Gipfeltour vermittelt packende Tiefblicke ins stark industrialisierte Ossolatal; weniger Freude kommt angesichts des grob aus dem Steilhang gebaggerten Güterweges auf. Er wendet sich beim Kreuz von **Lut** (804 m) in das malerische Crottal und endet schließlich knapp unterhalb der ehemaligen Alp **La Piana** (999 m). Zwischen den zu Wochenendhäuschen umgebauten Rustici wandert man auf dem alten Almweg weiter taleinwärts, zu den wenigen Häusern von La Motta (1139 m), die ebenfalls längst neue „städtische" Bewohner haben. Dahinter kurz hinab in ein Bachbett, am Hang gegenüber in Kehren aufwärts zur Wasserscheide **La Colma** (1728 m; 3,5 Std.). Hier beginnt ein breiter Militärweg, der den Felskopf des Moncucco (1970 m) nördlich umgeht und dabei eine tiefe Rinne quert

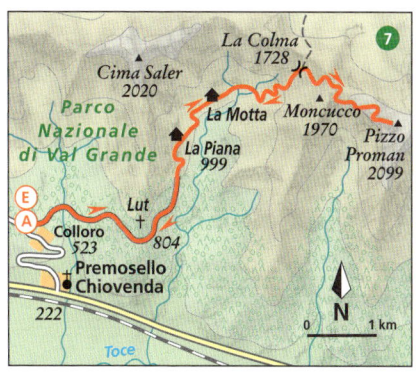

(schmales Band, Eisenbrücke). Dann steigt die Trasse in Kehren an, führt kurz gegen den Verbindungsgrat zum **Proman** und zuletzt im Zickzack zum höchsten Punkt mit großem Panorama (5 Std.).– Abstieg auf dem Anstiegsweg.

Über den Schlossberg: Pizzo Castello

8

Auf den Spuren der Bergbauern: Cimamulera – Alpe Ceserole – Pizzo Castello – Drocala – Cimamulera   Karte: A 4

 mittel

 15 km

7 1/4 Std.

↑ 1270 m
↓ 1270 m

 nein

Tourencharakter: Anstrengende Rundwanderung über der untersten Valle d'Anzasca, im Abstieg unterhalb der Almsiedlung Drocala einige etwas heikle Passagen. Trittsicherheit unerlässlich!

Beste Jahreszeit: Frühling und Herbst bis zum Wintereinbruch.

Ausgangspunkt: Cimamulera (486 m), Fraktion der Gemeinde Piedimulera.

Wanderkarte: Kompass 1:50 000, Blatt 97: Omegna – Varallo – Lago d'Orta.

Markierung: Spärlich bis gar

nicht bezeichnete Wege.

Verkehrsanbindung: Piedimulera (248 m) ist Station an der Bahnlinie Gravellona – Domodossola. Zufahrt nach Cimamulera über die Anzasca-Talstraße, 3 km. Busverbindung, Parkmöglichkeit.

Einkehr: Bar in Cimamulera; unterwegs keine Einkehr- oder Nächtigungsmöglichkeit!

Tourist-Info: APT dell'Ossola, Corso Ferraris 49; I-28037 Domodossola; Tel. 0324/48 13 08, Fax 4 79 74.

Die Überschreitung des Pizzo Castello (1607 m) ist eine Tour der Kontraste: Im Norden die weißen Riesen der Walliser Alpen, im Südosten der helle Spiegel des Lago Maggiore, an dessen Ufern eine üppig-mediterrane Flora gedeiht, drunten in der Valle d'Ossola Autobahn und Fabriken, an den Flanken des Monte Castello Spuren einer (fast) vergessenen Welt ohne Zukunft: Bergbauernschicksal.

Das Almdörfchen Drocala.

Der Wegverlauf

Vor der Kirche (486 m) von **Cimamulera** kurz links, dann rechts hinauf zur oberen Straße. Man kreuzt sie und folgt dem Hohlweg, der steil, den Hang nach rechts schneidend, bergwärts führt. Bei einer Alphütte (ca. 640 m) nicht geradeaus weiter, sondern links im Zickzack über den bewaldeten Hang aufwärts zu einer weiteren Wegteilung (ca. 860 m).

Auf der **Alpe Ceresole** (953 m; 1 Std.), wo ein markierter Weg von Cimamulera-Madonna (545 m) mündet, ist dann eine erste Pause fällig; bei gutem Wetter genießt man den Blick durch das Anzascatal auf den Ostabsturz des Monte Rosa. Der „Weiße Riese" dominiert auch während des weiteren Anstiegs in der Kulisse. Ein großes, bereits vom Tal aus sichtbares Kreuz (1129 m) bleibt rechts abseits, ebenso die Testa del Frate (1258 m), deren Gipfel-

8

kuppe der Weg auf einem schmalen Felsband umgeht. An der **Alpe Castello** darf man sich dann kurz wie ein (kleiner) König fühlen: auf der Steinbank vor dem „Rifugio Imperiale". Das Hüttchen wirkt allerdings recht armselig, trotz des Namens, ganz im Gegensatz zur Aussicht, die im Baedeker locker ihre zwei Sternchen bekäme. Das dritte ist eine Dreiviertelstunde später fällig, nach dem Schlußanstieg zum **Pizzo Castello** (1607 m; 3,5 Std.). Faszinierend die Kontraste im 360°-Bild: alpin-wild der tiefe Graben der Valle d'Antorno mit seinen winzigen Haufendörfern mit Weissmies (4023 m), Lagginhorn (4010 m) und Fletschhorn (3993 m) darüber, eisgepanzert – und dann im Südosten der Spiegel des Lago Maggiore, in der Ferne verschwimmend.

Vom Gipfel aus hat man auch den Weiterweg im Blick: am Kamm entlang, zunächst kurz bergab, dann wieder leicht ansteigend zu den ersten Hütten der weitläufigen **Alpe della Colma** (1509 m; 4 1/4 Std.), anschließend auf einem kunstvoll angelegten Serpentinenweg, eine große Hangmulde ausgehend, abwärts zum (ehemaligen) Alpdorf **Drocala** (ca. 940 m; 5,25 Std.). Nun nicht direkt hinunter zur Talstraße, sondern auf schwach markiertem Weglein, mehrere Gräben querend, „über die Dörfer" zurück nach Cimamulera. Einen ersten roten Farbtupfer entdeckt man auf der Bergseite von Drocala, den nächsten am Waldrand. Die dünne Spur leitet in einen Klammwinkel (Bach), zu dem ein paar mächtige Felsblöcke die pittoreske Kulisse liefern. Weiter an steilem Hang durch lichten Wald hinaus zu den Häusern von **Cresta**. Ein schöner Plattenweg führt talwärts, mündet dann in eine Straße. Man verlässt sie bei den Häusern von **Pero** (ca. 670 m) nach links und biegt auf den alten Talweg ein, der die Weiler an der Sonnseite der unteren Valle Anzasca miteinander verbindet. Nach einer letzten, kurzen Gegensteigung ist bei Madonna (545 m) das Siedlungsgebiet von **Cimamulera** (7,25 Std.) erreicht.

9 Rund um den Monte Nudo

Wandern, für einmal mit dem Radl: Cittiglio – Passo di Cuvignone – Passo di Sant'Antonio – San Michele – Brissago – Cittiglio   Karte: D/E 4

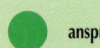 anspr.

 48 km

 3 bis 4 ½ Std.

 ↑ 1200 m ↓ 1200 m

 nein

Tourencharakter: Recht anstrengende, aber sehr reizvolle Radltour auf der Varesiner Ostseite des Lago Maggiore. Gute Kondition unerlässlich! Gleichermaßen für Mountainbiker wie für Rennradler geeignet. Steigungen und Gefälle bei maximal 12 %, durchgehend asphaltierte, nur wenig frequentierte Strecken.
Beste Jahreszeit: März bis November; im Hochsommer ist ein früher Start (Hitze!) dringend angeraten.
Ausgangspunkt: Cittiglio (267 m), 4 km von Laveno am Eingang in die Val Cuvia. Ein Start ist im Prinzip natürlich an jeder Stelle der Rundstrecke möglich.
Karte: Kompass 1:50 000, Blatt 90: Lago Maggiore – Lago di Varese.
Markierung: Gut ausgeschilderte Straßen.
Verkehrsanbindung: Cittiglio (267 m) liegt an der Strecke Varese – Gavirate – Laveno (Ferry nach Intra).
Einkehr: Rifugio De Grandi-Adamoli (970 m) nördlich unterhalb des Passo di Cuvignone. In den Dörfern der Val Cuvia gibt es überall zumindest eine Bar (Getränke, Panini).
Unterkunft: „La Bussola", Via Marconi 26, I-21033 Cittiglio; Tel. 0332/60 22 91, Fax 61 02 50.
Tourist-Info: Ufficio Turistico, Piazza Italia 1, I-21037 Laveno Mombello; Tel. 0332/66 66 66.

Es hat sich diesseits der Alpen zwar noch nicht so herumgesprochen, aber die Mittelgebirgsregion zwischen dem Lago Maggiore, dem Luganer See und der Provinzhauptstadt Varese ist ein echtes Dorado für Radler, egal ob mit schmalen Reifen und krummem Lenker oder dicken Gummistollen. Auf fast jeden Hü-

gel, jeden Höhenrücken führt eine Straße, mal mit, mal ohne Asphaltbelag. Die Runde um den Monte Nudo eignet sich für Rennradler und Mountainbiker; für die Variante über San Martino allerdings benötigt man ein robustes Rad.

Der Wegverlauf

Die Passfahrt beginnt am oberen Ortsrand von **Cittiglio** (267 m) mit ein paar Serpentinen, dann wendet sich die Straße in das nördlich gegen **Vararo** (757 m) ansteigende Tal. Oberhalb des Weilers beschreibt die Route eine Schleife bis knapp unter den Passo Barbè (873 m), bietet dabei Aussicht auf den Lago Maggiore, die Borromäischen Inseln, Stresa und seinen Hausberg, den Mottarone (1491 m). Nach einer langen Hangstrecke ist die Höhe des **Passo di Cuvignone** (1042 m) zwischen dem Monte la Tecia und dem langgestreckten, teilweise bewaldeten Rücken des Monte Nudo (1235 m) erreicht.

Dahinter geht es in vielen Kurven und Kehren abwärts. In der kleinen Senke unter dem Pizzo di Cuvignone (1018 m) steht links etwas abseits der Straße das **Rifugio De Grandi-Adamoli** (970 m).

Laveno am Ostufer des Lago Maggiore.

In der breiten Senke des **Passo di Sant'Antonio** (637 m) zweigt erst links die Straße nach Porto Valtravaglia, dann rechts die Verbindung nach Casalzuigno in der Val Cuvia (Abkürzungsmöglichkeit) ab; das Sträßchen nach Brissago steigt in Windungen an. Es überquert im Wald die wenig ausgeprägte Scheitelhöhe des **Passo San Michele** (890 m) und senkt sich kurz zur Häusergruppe San Michele (820 m). Weiter bergab, erst an den Südhängen des Monte Pian Nave (1058 m) nach **Brissago Valtravaglia** (399 m), dann in ein paar Schleifen in die Val Travaglia. Hier rechts und teilweise abseits der Hauptstraße „über die Dörfer" durch das Cuviatal via Cuveglio und Casalzuigno zurück nach **Cittiglio**.

Variante: Am Passo di Sant'Antonio (637 m) rechts gut 500 Meter auf der Asphaltstraße in Richtung → **Arcumeggia**, dann links ab und auf einer rauen Piste über vier Kehren hinauf zum **Monte Ròssel** (976 m). Flach durch die Südhänge des Monte della Colonna zum Aussichtspunkt **San Martino in Culmine** (1087 m). Auf der Asphaltpiste hinab in die Val Cuiva.

10 Die Riviera del Gambarogno

Maiensäße am oberen Lago Maggiore: Piazzogna – Monti di Piazzogna –
Monti di Caviano – Caviano – Ranzo   Karte: E 3

---

leicht

13 km

5 1/4 Std.

↑ 580 m
↓ 580 m

ja

Tourencharakter: Nur wenig anstrengende Höhenwanderung auf schönen Waldwegen (teilweise auch kleine Sträßchen) mit bezaubernden Ausblicken über den obersten Lago Maggiore und auf die Tessiner Alpen.
Beste Jahreszeit: Fast das ganze Jahr über möglich; im Hochsommer angenehm schattig.
Ausgangspunkt: Piazzogna (356 m).
Endpunkt: Ranzo (198 m).
Wanderkarte: 1:25 000, Riviera del Gambarogno, herausgegeben von der Ente Turistico del Gambarogno (erhältlich vor Ort; Kompass 1:50 000, Blatt 90: Lago Maggiore – Lago di Varese).
Markierung: Durchwegs gut markierte Wege, gelb und weiß-rot-weiß

bezeichnet. Wegzeiger.
Verkehrsanbindung: Piazzogna hat gute Busverbindungen mit den übrigen Ortschaften an der Riviera del Gambarogno sowie mit Locarno; Ranzo ist Station an der Bahnlinie Bellinzona – Riviera del Gambarogno – Luino. Und noch ein Tipp: Man erreicht die Riviera di Gambarogno von Locarno/Ascona aus auch mit dem Schiff!
Einkehr: Auf den Monti di Piazzogna (767 m) und den Monti di Gerra (832 m) rustikale Einkehrmöglichkeit.
Unterkunft: In den Dörfern der Riviera del Gambarogno mehrere kleine Hotels.
Tourist-Info: Ente Turistico del Gambarogno, CH-6574 Vira;
Tel. 091/795 18 66, Fax 795 33 40.

Das schönste Wanderrevier von Locarno liegt – etwas überspitzt ausgedrückt – auf der anderen, gegenüberliegenden Seite des Lago Maggiore: der **Gambarogno**. Hier ist es auch im Sommer vergleichsweise ruhig, wurde weit weniger gebaut und verbaut, weshalb nicht so viele Villen und hohe Hecken den Prachtblick aufs Maggiadelta, Locarno und den „Monte Mercedes" verstellen. Dafür gibt es viele Wanderpfade, Kastanienhaine und Maiensäße, die zu gemütlicher Rast einladen.

Blick von der Riviera del Gambarogno über den Lago Maggiore.

Der Wegverlauf

Von **Piazzogna** (356 m), das auf einer Anhöhe über dem Lago Maggiore liegt, umgeben von Rebbergen, steigt man auf dem alten Almweg durch Kastanienhaine an zu den **Monti di Piazzogna** (790 m; 1,25 Std.). Hier rechts und auf einem schmalen Asphaltsträßchen ohne nennenswerte Höhenunterschiede quer über den Graben von Derbor zu den **Monti di Vairano** (809 m). Bei den Rustici von Corte della Costa (818 m) wird aus dem breiten Fahrweg ein schmaler Pfad, der ein paar Gräben quert

10

und sich dann in den wilden Tobel der Valle di Cedullo senkt. Auf solider Brücke über den Bach (Wasserfall), am gegenüberliegenden, felsigen Hang wieder bergan und dann flach hinüber zur ehemaligen Alm der **Monti di Gerra** (794 m; 2,75 Std.).

Die Fortsetzung des Höhenweges führt, vorbei an den Rustici von Pianca, in das Grabensystem des Gerratals, dann hinaus zu den **Monti di Sant'Abbondio** (800 m). Man quert die Valle di Sant'Abbonbio, passiert anschließend eine Bergsturzzone. Hinter der Valle di Niv senkt sich der Weg zu den **Monti di Caviano** (695 m; 4 Std.), die gerade einen Steinwurf weit von der italienischen Grenze entfernt sind. Der weitere Abstieg führt teilweise schattig hinunter nach **Caviano** (274 m). Zur Bahn- und Schiffsstation in **Ranzo** (198 m; 5,25 Std.) ist es dann bloß noch ein Katzensprung.

Variante: Wer's lieber etwas knackig mag, kann auch den **Monte Gambarogno** (1734 m) anpeilen, zusätzliche 1000 Hm von den Monti aus, jede Menge Aussicht und im Sommer ein recht „heißes" Unterfangen. Aufstieg von den Monti di Piazzogna über die Alpe di Lierna (1422 m), 3 Std.), Abstieg westwärts zur **Alpe Cedullo** (1287 m; Einkehrmöglichkeit) und zu den Monti di Gerra (2 Std.). Gesamtgehzeit ab Piazzogna bis Gerra etwa 7,5 Std.

11 La Traversata: Aussichtswandern

Über den Monte Támaro:
Monte Lema – Monte Támaro – Alpe Foppa   Karte: E/F 3/4

mittel

12 km

4 ½ Std.

↑ 950 m
↓ 950 m

ja

Tourencharakter: Ziemlich lange, aber wenig schwierige Kammwanderung auf guten Bergwegen, bei Benützung der Lifte am Monte Lema und am Támaro leichtes, sonst sehr strammes Tagespensum.
Beste Jahreszeit: Mai bis November, am schönsten – wegen der Aussicht – im Spätherbst. Der Monte Lema ist berüchtigt für seine schweren Hochsommergewitter.
Ausgangspunkt: Bergstation der Monte-Lema-Gondelbahn (1550 m).
Endpunkt: Bergstation der Gondelbahn zur Alpe Foppa (1530 m).
Wanderkarte: Kompass 1:50 000, Blatt 90: Lago Maggiore – Lago di Varese.
Markierung: Weiß-rot-weiß bezeichnete Bergwege.
Verkehrsanbindung: Miglieglia (706 m) erreicht man von Lugano mit der Bahn (Schmalspurlinie Lugano – Agno – Ponte Tresa) und dem Postbus. Die Gondelbahn auf den Monte Lema verkehrt von Mitte März bis Mitte November täglich

von 8.30–17.30 Uhr, Mitte Juli bis Ende August bis 21 Uhr.
Rivera–Bironico, an der Südseite des Monte Ceneri gelegen, hat direkte Bahnverbindung mit Lugano. Die Gondelbahn zur Alpe Foppa ist von Mitte Mai bis Ende Oktober täglich von 8.30–17 Uhr in Betrieb.
Zwischen Vira di Gambarogno, Corte di Neggia und Indemini verkehrt ein Postbus.
Einkehr: Bergrestaurant auf der Alpe Foppa (1530 m), Bergstation der Gondelbahn.
Unterkunft: Ostello Monte Lema (1550 m) an der Bergstation der Monte-Lema-Gondelbahn, von Mai bis Oktober bewirtschaftet; Tel. 091/Capanna Tamaro UTOE (1867 m), bewirtschaftet Juni bis Oktober; Tel. 091/946 10 08.
Tourist-Info: Ente Turistico del Malcantone, Piazza Lago, CH-6987 Caslano; Tel. 091/606 29 86, Fax 606 52 00, Internet: www.tinet.ch/malcantone.

Die **Traversata** gilt als schönster Höhenweg des Sotto Ceneri: fast fünf Stunden am Grat zwischen dem Tessiner → **Malcantone** und der italienischen Veddasca. Und den größten Teil des Auf- und Abstiegs übernehmen – wie bequem! – zwei Bergbahnen. Faszinierend die Tief- und Fernblicke, nach Westen auf den Lago Maggiore, südöstlich zum Ceresio, dann natürlich weit über den Alpeninnenbogen.

Der Wegverlauf

Knapp eine Viertelstunde dauert die luftige Reise von **Miglieglia** (706 m) hinauf zum Berghaus (1550 m) am **Monte Lema** (1620 m); wer zu Fuß aufsteigt, muss mit etwa 2,25 Std. rechnen und nochmals einer knappen Viertelstunde bis zum riesigen, nachts beleuchteten Gipfelkreuz, wo sich eine erste Rundumschau bietet. Im Blickfeld hat man auch den langge-

11

Eine erste Adresse für Feinschmecker ist das **Motto del Gallo**
in Taverne (364 m), nur ein paar
Kilometer von Rivera-Bironico.
Verführerisch allein schon das
Ambiente. Saisonal wechselnde,
sehr kreative Küche. Qualität hat
allerdings ihren Preis – auch im
Motto del Gallo. CH-6807 Taverne, Via al Motto; Tel. 091/945 28
71, So geschlossen.

streckten Kamm, dem die „Traversata" – gelegentlich als dünne Spur auszumachen – folgt,
bis hin zum Támaro: zunächst
steil hinab in die **Forcella d'A-
rasio** (1481 m), dann hinauf
zum Piano del Poncione, durch
die Nordwestflanke des Poncione di Breno (1654 m) und am
Kamm entlang. Gratkuppen wie den Zottone (1567 m), den Monte Magino (1589 m) und den Monte Magno (1636 m) kann man
überschreiten oder umgehen, ebenso den **Monte Gradiccioli**
(1935 m). Bequemer geht's links
herum, schöner ist die Überschreitung: hinter dem Monte Magno
hinauf, für gut eine Stunde über
den langen Südgrat. Vom Gipfel
kurz zurück, dann in die Westflanke und hinab in die **Bassa di Montoia** (1764 m) und über einen flachen Rücken in die Bassa di Indemini (1723 m). Aus dem Sattel
kann man direkt den Ostgrat des
Támaro ansteuern; das spart gut
100 Steigungsmeter, doch entgeht
einem die große Gipfelschau mit
tausend Zacken vom Monviso bis
in die Bergamasker Alpen.

Beim Abstieg vom **Monte Támaro**
(1961 m; 3,5 Std.) dient der mächtige Antennenstachel auf der Ma-
nera (1834 m) als Orientierungs-
hilfe. Zunächst über den Ostgrat
hinab in die Scharte (1843 m) vor
dem Monte Rotondo (1928 m),
dann durch die der Valle del Trodo
zugewandten Steilhänge zur **Capanna Támaro** (1867 m). Von der
Sendeanlage entweder auf dem

11

Serpentinensträßchen oder auf einer dünnen Spur direkt am Kamm hinab zur Bergstation der Gondelbahn auf der → **Alpe Foppa** (1530 m; 4,5 Std.) mit dem modernen Bau der Kapelle Santa Maria degli Angeli.

Wer zu Fuß ins Tal absteigen will, folgt der Schotterpiste, vorbei an der Mittelstation bis zu den Monti di Spina. Hier rechts im Wald hinunter nach Soresina (552 m) und auf einem Wanderweg unter der Autobahn hindurch zum Bahnhof von **Rivera-Bironico** (470 m; zusätzlich 2 Std.).

Variante: Kürzer, aber weniger aussichtsreich ist eine Besteigung des Támaro von den **Corte di Neggia** (1395 m) aus. Sie führt über den markanten Westgrat des Berges, meist auf der (schattigen) Nordseite verlaufend. Der Weg ist gut markiert, an Verzweigungen stehen Hinweisschilder. Vom zweiten führt der Steig über leichte Felsen direkt zum Gipfel. Dabei kommt man an einer (geschlossenen) Hütte vorbei; hier nicht rechts auf die Terrasse, sondern spitzwinklig links weiter aufwärts!

Eine Tafel am Gipfel (1,5 Std.) weist die Abstiegsrichtung zu den Monti Idacca; die angegebene Zeit werden allerdings nur Dauerläufer einhalten können ... Über den schrofigen Südgrat hinunter in die Bassa di Indemini (1723 m), dann am abgeplatteten Rücken entlang zur **Bassa di Montoia** (1764 m). Hier hält man sich rechts und steigt, der Pfadspur folgend, ab zur Alpe di Montoia (1633 m). Der Rest ist dann genußvolles Bergabschlendern auf einem alten Alpweg, der sich, mehrere Gräben querend, zu den **Monti Idacca** (1201 m) an der Straße nach Indemini senkt. Man genießt Ausblicke in die Valle Veddasca und zum Lago Maggiore; am fernen Horizont sind (manchmal) sogar Monte Rosa und Monviso auszumachen. Zuletzt auf der Straße über zwei Serpentinen hinauf in den Corte di Neggia (4 Std.).

Blick zum Gridone und zu den Walliser Alpen.

Auf den Monte Boglia (1516 m)

Über den Hausberg von Lugano: Monte Brè – Sasso Rosso –
Monte Boglia – Alpe Bolla – Brè – Gandria – Castagnola   Karte: F/G 4

12

Tourencharakter: Aussichtsreiche Gipfelwanderung; am Monte Boglia recht raue Wege, Südgratsteig abschnittweise etwas exponiert. Das Tourenpensum kann verschieden variiert werden; z.B. Gipfel (Monte Boglia) ohne Abstieg nach Gandria oder umgekehrt, oder von Gandria mit dem Schiff statt zu Fuß zurück nach Lugano. Alternativer Abstieg nach Lugano-Pregassona möglich.
Beste Jahreszeit: Frühling und Herbst bis zum Wintereinbruch. Im Hochsommer ist der südseitige Anstieg sehr schweißtreibend.
Ausgangspunkt: Bergstation der 1621 Meter langen Monte-Brè-Standseilbahn (925 m).
Endpunkt: Castagnola (276 m), Vorort von Lugano.
Wanderkarte: „Wanderkarte Lugano" im Maßstab 1:50 000, herausgegeben von Lugano Tourismus; erhältlich vor Ort.

Markierung: Durchwegs bestens markierte Wege, weiß-rot-weiß und gelb bezeichnet.
Verkehrsanbindung: Zur Talstation der Monte-Brè-Standseilbahn und nach Castagnola fährt der Stadtbus; die Bergbahn verkehrt täglich 9.10–16.30 Uhr, von Juni bis Oktober 7.35–18.30 Uhr. Zwischen Lugano und Gandria sind Kursschiffe der „Navigazione del Lago di Lugano" unterwegs.
Einkehr: Mehrere Gasthäuser in Brè und Gandria; Einkehrmöglichkeit auch auf der Alpe Bolla (1129 m), bewirtschaftet von Mai bis Oktober.
Unterkunft: „Panorama", Via Cai 4, CH-6979 Lugano-Brè; Tel./Fax 091/972 12 17. Logieren oben am Berg, den Luganer See im Blick.
Tourist-Info: Lugano Tourismus, Riva Albertolli, CH-6901 Lugano; Tel. 091/913 32 32, Fax 922 76 53, Internet: www.lugano-tourism.ch.

mittel

 17 km

6 Std.

↑ 720 m
↓ 1250 m

ja

Monte San Salvatore (912 m) und Monte Brè sind die beiden „Seilbahnberge" von Lugano, dessen Seebucht sie im Süden und Osten überragen. Die Zahnradbahn auf den Brè erschließt einen günstigen Ausgangspunkt für die Besteigung des „platteten" Monte Boglia, und hinterher kann man auch gleich noch hinabwandern zum Luganer See, wo in Gandria so ziemlich alle Tessiner Klischees vorgeführt werden. Macht nichts, schließlich will man im Urlaub vor allem das Schöne genießen,

Im Bereich von Gandria, an der dem Luganer See zugewandten Südflanke des Monte Brè (925 m), gibt es einen markierten **Naturlehrpfad** (Percorso naturalistico e archeologico). Zahlreiche Schautafeln informieren über erdgeschichtliche, botanische und archäologische Aspekte; darüber hinaus vermittelt der Weg reizvolle Aussicht auf den Ceresio. Einen kleinen Führer zum Lehrpfad bekommt man vor Ort.

und ein ganz kleines bisschen kitschig ist ja auch so mancher Sonnenuntergang im Gebirge ... Dieses Spektakel kann man bei schönem Wetter auch vom Monte Brè aus erleben (nur Schnellläufern ist das am Monte Boglia zu empfehlen!).

12

Der Wegverlauf

Vom **Monte Brè** (925 m) aus kann man gleich „Maß nehmen", steht das Tourenziel doch direkt vor einem, ein ganzes Stück höher und auffallend durch sein baumlosgrasiges Gipfeldreieck. In der Senke zwischen den beiden „monti" liegt das hübsche Dörfchen **Brè** (800 m) mit malerischen alten Häusern und (seit jüngstem) moderner Kunst an Wänden und in den Gassen. Man erreicht es absteigend in einer guten Viertelstunde; dahinter setzt dann die ziemlich steile Südflanke des Monte Boglia an. Gut auszumachen sind die Straßenserpentinen über dem Ort, höher am Kamm dann ein felsiger Absatz, der **Sasso Rosso** (1295 m). Wer es eilig hat, kann die bequemen Schleifen abkürzen. Oberhalb des Materone (925 m; Aussichtspunkt!) hat man die Wahl zwischen zwei Wegen: einer „Direttissima", die direkt über den Sonnenhang ansteigt, und einer gemütlicheren Route, die den Höhenunterschied zum Sasso Rosso in einer weit nach links ausholenden Schleife überwindet. Zuletzt leiten die Markierungen am schmaler werdenden Grat zum Gipfel des **Monte Boglia** (1516 m; 2,5 Std.) mit schöner Rundschau über das Sotto Ceneri und tollen Tiefblicken auf den Luganer See.

Beim Abstieg über den Nordgrat (teilweise Treppen) stehen die Dolomitzacken der Denti della Vecchia – beliebtes Kletterrevier der Luganesi – vor einem; links un-

Tipp

Zu den lohnendsten Höhenwanderungen des Sotto Ceneri gehört die Überschreitung von Brè über den Monte Boglia (1516 m), die **Denti della Vecchia** (1491 m) und die Cima di Fojorina (1809 m; → **Tour 13**) zum **Passo di San Lucio** (1542 m) mit Abstieg nach Bogno (961 m). Die abwechslungsreiche, bestens markierte Route folgt weitgehend dem Grenzkamm zu Italien; sie bietet herrliche Tief- und Fernblicke, und im Frühsommer blüht in den Steilflanken dies- und jenseits der Grenze die südalpine Flora in ihrer ganzen Pracht. Gesamtgehzeit etwa 8 Std.; Nächtigung in der Capanna Pairolo (1350 m) möglich, bewirtschaftet Juni bis September, zeitweise auch April, Mai und Oktober; Tel. 091/944 11 56.

Der Luganer See, Monte Brè und Monte Boglia.

ter dem Grenzkamm, auf der Tessiner Seite, liegt die **Alpe Bolla** (1129 m; 3,25 Std.), beliebtes Ausflugsziel mit Wirtschaft. Vom Sattel Pian di Scagn (1174 m) sind es nur ein paar Minuten zur Alm. Abstieg nach Lugano-Pregassona siehe Variante.

Für den Rückweg nach **Brè** (800 m; 4,25 Std.) nimmt man den Steig, der zunächst ohne größere Höhenunterschiede durch die Westflanke des Monte Boglia verläuft und dann über eine Schulter am Ansatzpunkt der Val dei Cugnoli, die mehr felsige Rinne als Tal ist, in einem Bogen hinableitet zu dem Serpentinensträßchen und ins Dorf. Weiter den Wegzeigern folgend über steile Hänge hinunter zur Uferstraße und nach → **Gandria** (273 m; 5,5 Std.). Ein breiter, von subtropischer Vegetation gesäumter Spazierweg leitet schließlich am steilen Seeufer zurück nach Lugano-**Castagnola** (6 Std.).

Variante: Von der Alpe Bolla (1129 m) kann man auf einem markierten, überwiegend schattigen Weg nach Lugano-**Pregassona** (379 m) absteigen; 1,5 Std.

13 Cima di Fojorina und Torrione

Auf alten Schmugglerpfaden:
Dasio – Passo di San Lucio – Cima di Fojorina/Torrione   Karte: G 3

 anspr.

 12 km

 4 ½ Std.

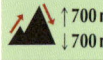 ↑ 700 m ↓ 700 m

 nein

Tourencharakter: Bis San Lucio Straßenwanderung, Gratwanderung zur Cima di Fojorina leicht, der Torrione „ergibt" sich erst nach kurzer, leichter Kletterei (I-II).
Beste Jahreszeit: Mai bis zum ersten Schnee; im Frühsommer herrliche Alpenflora!
Ausgangs- und Endpunkt: Dasio (1118 m), Häusergruppe oberhalb von Buggiolo (1035 m) am Übergang von der Val di Rezzo in die Val Cavargna.
Karte: Kompass 1:50 000, Blatt 91: Lago di Como – Lago di Lugano.
Markierung: Am Sträßchen nach San Lucio keinerlei Orientierungsprobleme,

Kammweg zur Cima di Fojorina weiß-rot-weiß markiert; zum Torrione kurzer, unmarkierter Abstecher.
Verkehrsanbindung: In die Val di Rezzo führt von Porlezza eine gute Straße, 10 km, Weiterfahrt in die Val Cavargna möglich. Busverbindung Porlezza – Buggiolo.
Einkehr: Capanna San Lucio (1542 m), Juli/August durchgehend bewirtschaftet, sonst Sa/So; Schweizer Tel. 091/9 44 18 29. Trattoria Milesi (1110 m) im Weiler Seghébbia; Tel. 0344/6 31 63.
Tourist-Info: Ufficio Turistico, Piazza Garibaldi 4, I-22017 Menaggio; Tel./Fax 0344/3 29 24.

Recht felsig: der Torrione (1805 m).

Grenzen. Davon gibt es einige rund um den Sotto Ceneri, alte wie neue, längst vergessene wie etwa jene, die aus der Rivalität zwischen Mailand und Como entstanden. Später kamen die Eidgenossen als Eroberer, veränderten Grenzen, und schließlich verfügte auch Napoleon Grenzkorrekturen.

Tempi passati. Das Zollhaus am Passo di San Lucio verfällt, der Zaun rostet still vor sich hin, ein paar Grenzsteine haben sogar eine zusätzliche Funktion erhalten: Mit Farbe bepinselt dienen sie als Wegmarkierungen! Ansonsten ist von der Grenze wenig geblieben, und Mitte August ist am Pass „grenzenloses" Vergnügen angesagt. Da feiern die Leute aus der (Tessiner) Val Colla und der (lombardischen) Val Cavargna gemeinsam das Fest des heiligen Lucius, des Hirtenheiligen.Den Naturfreund interessieren geologische Grenzlinien ohnehin mehr als politische. Eine solche uralte „Naht" verläuft wenig südlich des Passes; sie trennt die kristallinen Gesteine, aus denen die Garzirola (Gazzirola, 2116 m) aufgebaut ist, vom Kalk der Fojorina und des Torrione.

Der Wegverlauf

Die Straße zum Passo di San Lucio hat ihren Ausgangspunkt bei den Häusern von **Dasio** (1118 m), am Übergang in die Val Cavargna. Knapp 4 Kilometer misst die Strecke; kein Asphalt, dafür (wenn's recht trocken ist) reichlich Staub und ein idyllischer Rastplatz unter mächtigen Buchen auf halbem Weg. Den schattigen Platz wird man im Sommer kaum verschmähen, ist der weitere Anstieg doch voll der Sonne ausgesetzt. Unmittelbar auf dem Wiesensattel steht das alte Kirchlein **San Lucio** (1542 m; 1,5 Std.). Schöner Blick auf die Val Colla und ihre Bergumrahmung.

Nun links, genau am Grat entlang, dann entweder links um Monte Cucco (1624 m) und Colmo di San Bernardo (1616 m) herum oder – weiß-rot-weiß markiert - über die beiden Grasmugel in die **Bocchetta di San Bernardo** (1586 m). An der Scharte setzt ein steiler, latschenbewachsener Hang an, über den man in den Passo di Fojorina (1691 m) aufsteigt. Zur **Cima di Fojorina** (1809 m) sind es dann noch gut 100 Höhenmeter auf bezeichneter Spur; kurz vor ihrer Gipfelkuppe zweigt links der unmarkierte Zugang zum **Torrione** (1805 m) ab: am Kamm entlang hinüber zum Felsfuß, dann durch die schmale Rinne zwischen den beiden „Hälften" des markanten Turms auf seine Südseite und links in leichter Kletterei (I-II) zum höchsten Punkt (3 Std.).

Beim Rückweg kann man von der Alpe Colmine (1483 m) direkt durch einen prächtigen Buchenwald zu den Häusern von **Seghébbia** (1110 m) absteigen; etwas Erfahrung im Wegsuchen ist dabei allerdings von Vorteil.

14

Vom San Salvatore zum Luganer See

„Schweizwandern":
Monte San Salvatore – Carona – Morcote   Karte: F 4/5

○	leicht
🚶	11 km
🕐	3 Std.
⛰	↑ 200 m ↓ 850 m
☺	ja

Tourencharakter: Familienwanderung auf überwiegend guten Wegen; keine größeren Steigungen.
Beste Jahreszeit: Fast das ganze Jahr über möglich; am schönsten im Frühjahr und spät im Herbst.
Ausgangspunkt: Monte San Salvatore (912 m), Bergstation der Standseilbahn.
Endpunkt: Morcote (272 m) am Luganer See.
Wanderkarte: Carta nazionale della Svizzera 1:25 000, Blatt 1353: Lugano.
Markierung: Bestens bezeichnete Wege, Hinweistafeln an allen Verzweigungen.
Verkehrsanbindung: Zur Talstation der Standseilbahn auf den San Salvatore kommt man mit dem Stadtbus; ab Morcote zurück nach Lugano entweder mit dem Bus oder (viel schöner) per Schiff.
Einkehr: In Carona gibt es mehrere Lokale; auf der Alpe Vicania (659 m) ebenfalls Einkehrmöglichkeit.
Unterkunft: Gut untergebracht ist man in der „Casa del 1577" (garni) in CH-6914 Carona; Tel. 091/649 58 27.
Tourist-Info: Lugano Turismo, Riva Albertolli, CH-6901 Lugano; Tel. 091/913 32 32, Fax 922 76 53, Internet: www.lugano-tourism.ch.

Friedhof und Kirche Santa Maria del Sasso.

Wenn es einen absoluten Hit unter den Wanderrouten des Sotto Ceneri gibt, dann ist es der Weg vom Monte San Salvatore via Carona nach Morcote: Schweizwandern. Ganze Generationen von Schulkindern, vorab aus dem deutschen Landesteil, waren auf dem bewaldeten Höhenrücken schon unterwegs, ließen sich vom altehrwürdigen Standseilbähnchen zum San Salvatore befördern, erhielten in und um Carona eine kleine Lektion in Sakralkunst. „Zvieri" gab es auf der Alpe Vicania, und schließlich zählte man die 404 Stufen von der Kirche Santa Maria del Sasso hinab nach Morcote, wo die Rasselbande dann aufs Schiff verfrachtet wurde: zurück nach Lugano.

Zigtausende tun es alljährlich den Kindern nach, nehmen den Höhenweg unter die Füße, erleben die bunten Tessinbilder, von denen man so manches aus Kalendern kennt: den Zuckerhut des San Salvatore mit seinem Antennenstachel, rustikale Architektur in Carona, die mächtige

Felsfront des Generoso über dem Ceresio und schließlich Morcote, das beliebteste Ausflugsziel am Luganer See.

Der Wegverlauf

Die Höhenwanderung beginnt mit dem teilweise steilen und etwas rauen südseitigen Abstieg vom **Monte San Salvatore** (912 m). Bei den Häusern von Ciona (612 m) stößt man auf die Straße nach → **Carona** (599 m; 1 Std.). Den Ortseingang markieren die Pfarrkirche San Giorgio und die Loggia del Comune, ein malerisches Ensemble. Am Dorfausgang, in der Nähe des Sportzentrums, zweigt die Zufahrt zum **Parco di San Grato** (714 m) ab. Das ausgedehnte Areal mit dem Botanischen Garten lädt zum Verweilen ein, ehe man den Weg zur **Alpe Vicania** (659 m; 2,25 Std.) unter die Füße nimmt. Er führt leicht ansteigend durch die bewaldete Ostflanke der Cima Pescia (835 m), dann als breiter Güterweg in ein paar Kehren hinunter zur Alm. Der weitere Abstieg nach Santa Maria del Sasso (338 m) bietet viel Aussicht, vor allem auf die Seebucht von Porto Ceresio und die Hügelketten des Varesotto. Zuletzt geht es auf dem Treppenweg hinab nach → **Morcote** (3 Std.).

Variante: Vor allem Kunstliebhaber werden sich für diesen Weg interessieren, der von Carona westseitig um den Monte Arbòstora (822 m) herum nach Morcote führt: **Madonna d'Ongero** (830 m) und Santa Maria di Torella (525 m) sind zwei Kunstdenkmale von überregionaler Bedeutung (→ **Carona**). Gesamtgehzeit ab San Salvatore etwa 3,5 Std.

15

Über den Monte San Giorgio (1097 m)

Saurier, Alpenveilchen und Schmetterlinge: Riva San Vitale –
Monte San Giorgio – Meride – Riva San Vitale   Karte: F 5

 leicht

 10 km

 4¼ Std.

 ↑ 820 m ↓ 820 m

 ja

Tourencharakter: Leichte Gipfelwanderung, allerdings ohne das große Panorama, dafür mit viel Interessantem für Natur- und Kunstfreunde.
Beste Jahreszeit: Frühling und Frühsommer (Blütezeit); fast das ganze Jahr über möglich.
Ausgangs- und Endpunkt: Riva San Vitale (273 m) am Südende des Luganer Sees.
Wanderkarte: Carta nazionale della Svizzera 1:25 000, Blatt 1373: Mendrisio.
Markierung: Weiß-rot-weiß markierte Bergwege, Naturlehrpfad (Rundweg ab Meride) mit Schautafeln.
Verkehrsanbindung: Capolago (273 m), Nachbarort von Riva San Vitale, ist Station an der Bahnlinie Lugano-–Chiasso (Gotthardstrecke). Busverbindung zwischen den beiden Ortschaften.
Einkehr: Salame, Formaggini und einen ordentlichen Nostrano gibt's im „Antico Grotto Fossati" in Meride; Mo Ruhetag, November und Weihnachten geschlossen. Tel. 091/646 56 06.
Unterkunft: „Serpiano", komfortables Drei-Sterne-Hotel in schöner Lage über dem Luganer See, knapp 5 km nördlich von Meride.
Tourist-Info: Ente Turistico del Mendrisiotto e Bassa Ceresio, Via A. Maspoli 15, CH-6850 Mendrisio; Tel. 091/646 57 61, Fax 646 33 48, Internet: www.bosslab.ch/mendris.

Der Monte San Giorgio (1097 m) ist – trotz einiger hübscher Tal- und Seeblicke – kein großer Aussichtsberg, aber ein Berg, der so manche Einsicht vermitteln kann. Weniger zu fernen, weiten Horizonten geht der Blick als vielmehr zurück, zurück in die Vergangenheit: Natur- und Kulturgeschichte werden auf dem Weg über den Monte San Giorgio lebendig, gegenwärtig. Einblick in die Erdgeschichte vermittelt der **Naturlehrpfad**, im Mueseum von → **Meride** sind interessante Funde (u. a. Saurier) ausgestellt, und → **Riva San Vitale** wartet mit zwei Kunstdenkmalen von überregionaler Bedeutung auf. Im Frühsommer ist der Berg übersät von Alpenveilchen (Cyclamen europaeum), und zwischen den Bäumen schaukeln bunte Schmetterlinge.

Alte Mauern in Meride.

Der Wegverlauf

Der Anstieg beginnt am nördlichen Ortsrand von Riva San Vitale (273 m) bei der Kirche San Croce.

15

Kleiner Berg vor großer Kulisse: der Monte San Giorgio.

Zunächst zur Mündung des Grabens von Cumaval, bei der Weggabelung nach links und in vielen Kehren bergan zur Alp Albio (585 m). Über Pozzo im Wald weiter zum Südgrat und über ihn zum Gipfel des **San Giorgio** (1097 m; 2,5 Std.).

Der Abstieg über den Südhang bietet hübsche Aussicht auf das Mendrisiotto, doch bald taucht der Weg wieder ein in den Wald.

Bei Cassina (885 m) stößt man auf den „Sentiero naturalistico". Er führt abwärts zu einer Weggabelung (675 m) oberhalb von Meride (578 m; 3,5 Std.); hier geradeaus hinab in das schmucke Tessiner Dörfchen. Durch den Ort und über Wiesen zur Kapelle Sant'Antonio (573 m) in schöner Aussichtslage. Der Weg quert den wilden Graben der Val Serrata nach Norden hin; anschließend im Zickzack hinab in den Talboden und zurück nach **Riva San Vitale** (4,5 Std.).

16 Der „Rigi der Südschweiz"

Über den Monte Generoso (1701 m): Arogno – Pianca dell'Alpe – Monte Generoso – Alpe Nadigh – Muggio   Karte: G 5

 mittel

 16 km

 7 Std.

 1120 m / 1040 m

 nein

Tourencharakter: Große, auch recht anstrengende Überschreitung mit faszinierenden See- und Bergblicken, am Nordgrat des Generoso überraschend alpin. Die Tour lässt sich „halbieren", wenn man für Auf- oder Abstieg die Monte-Generoso-Bahn benützt. Und am Felsgrat des Baraghetto (1694 m) gibt es noch ein kleines Schmankerl für Klettersteigfans: eine kurze, aber recht knackige Via ferrata.
Beste Jahreszeit: Frühling/Frühsommer der Blumen wegen; im Herbst hat man meistens die schönste Fernsicht.
Ausgangspunkt: Arogno (586 m), Bergdorf in der unteren Val Mara.
Endpunkt: Muggio (661 m).
Wanderkarten: Carta nazionale della Svizzera 1:25 000, Blatt 1353: Lugano und 1373: Mendrisio; Kompass 1:50 000, Blatt 91: Lago di Como – Lago di Lugano.
Markierung: Weiß-rot-weiß bezeichnete Bergwege; Hinweistafeln an allen Verzweigungen.

Verkehrsanbindung: Arogno erreicht man von Maroggia am Luganer See über eine gute Bergstraße; Postbus. Die Dörfer in der Valle Muggio haben Busverbindung mit Mendrisio, dem Hauptort des Mendrisiotto.
Die Monte-Generoso-Bahn verkehrt das ganze Jahr außer November; erste Bergfahrt im Sommer 9 Uhr. Infos bei der Ferrovia Monte Generoso SA in Capolago; Tel. 091/648 11 05.
Einkehr: „Ristorante-Albergo Vetta" an der Bergstation der Zahnradbahn (1601 m).
Unterkunft: Im „Albergo Vetta" kann man auch übernachten: Sonnenuntergang und -aufgang inklusive. Dezember bis Oktober geöffnet; Tel. 091/649 77 22.
Tourist-Info: Ente Turistico del Mendrisiotto e Basso Ceresio, Via A. Maspoli 15, CH-6850 Mendrisio; Tel. 091/646 57 61, Fax 646 33 48, Internet: www.bosslab.ch/mendris.

Was für eine Schau! Blick vom Generoso auf die Walliser Hochalpen.

Der **Monte Generoso** (1701 m) ist ein Berg für jedermann/frau: Auf der Gipfelplattform drängeln sich vor dem großen Panorama Ausflügler, gerade der Bahn entstiegen, und Wanderer, manche noch etwas außer Atem vom langen Anstieg. An den steinigen Wiesenhängen unterhalb der Vetta machen sich (sofern die Winde richtig wehen) Paraglider startklar, und am Nordgrat turnen die Ferratisti auf den senkrechten Leitern des kleinen Klettersteigs herum. Im Frühsommer blüht es bunt und üppig am Generoso, der deshalb von der Botanikerzunft den Ehrentitel „princeps

16

montium" erhalten hat. Über zwanzig Orchideenarten soll es hier geben, darunter sogar Endemiten wie die Stendelwurz-Orchis (Serapis vomeraca).

Und dann, oben, das Panorama! Viel weiter als jenes des Zentralschweizer Rigi, spannt es sich von den Ligurischen und Cottischen Alpen bis zur Bernina und den Bergamasker Alpen, ein Halbrund voller Zacken und Spitzen, in starkem Kontrast zur Weite der Poebene, über der im Süden die flachen Bergrücken des Apennin stehen. Einige der markantesten Gipfel kann man (bei entsprechend klarer Sicht)

> Am Monte Generoso gibt es zwei interessante Lehrpfade: den „Sentiero dei pianeti" (Planetenweg, am Gipfel) und zwischen Bellavista (1225 m, Bahnstation) und Generoso-Vetta einen „Sentiero della natura". Infos und Faltblätter bei der Generoso-Bahn.

leicht ausmachen, im Südwesten etwa, ganz isoliert und auffallend ebenmäßig gebaut, die Pyramide des Monviso (3841 m). Ziemlich genau über dem bewaldeten Gipfel des Monte San Giorgio (1097 m) zeigt sich der Gran Paradiso (4061 m), weiter rechts der riesige Monte Rosa (4634 m), neben ihm – vergleichsweise klein – der berühmteste Gipfel der Alpen: das Matterhorn (4478 m). Im Uhrzeigersinn schließen Mischabel (Dom, 4545 m) und Weissmies (4023 m) an.

Von den Viertausendern der Berner Alpen ist das Finsteraarhorn (4274 m) herausragend, ein schlanker, mächtiger Turm, wenig rechts hinter dem Antennenstachel des San Salvatore (912 m) aufragend.

Der zwischen Gotthard- und Adulamassiv absinkende Alpenhauptkamm gestattet – genau im Norden – einen Durchblick zum Tödi (3614 m), dem höchsten Berg der Glarner Alpen. Über dem grasigen Kamm, der das Intelvital nordöst-

16

lich abschließt, fallen drei Gipfel ins Auge: Piz Bernina (4049 m), neben ihm, etwas näher und deshalb (scheinbar) höher, der Monte Disgrazia (3678 m) und – auf halber Distanz – der Monte Legnone (2609 m), der den Höhenrekord am Lario hält.

Sehenswert sind auch die Almsiedlungen an der Südabdachung des Generoso, Génor und Nadigh, mit ihren alten Häusern aus Bruchsteinen. Eine Besonderheit, einzigartig in der Schweiz, bilden die sogenannten „nevere", schlichte Rundbauten über einem Keller, der früher jeweils im Winter mit Schnee gefüllt wurde und so im Sommer als „Kühlschrank" für die Milch (vor ihrer Verarbeitung zu Formaggini) diente.

Der Wegverlauf

Von Arogno (586 m) zunächst auf der Straße in Richtung Rovio. Jenseits der Brücke über die Mara zweigt bei Sasso Grosso der Weg zum Generoso ab. Er steigt ostwärts hinauf nach **Pianca** (905

„Nevere" auf der Alpe Nadigh.

m) und steuert dann die Costa del Bovè an. Über den bewaldeten Rücken schnurgerade aufwärts, anschließend fast flach unter dem Kamm hinüber in die Senke der **Pianca dell'Alpe** (1360 m; 2,25 Std.). Weiter am Grenzkamm bergan, etwas ausgesetzt über die Cima dei Torrioni (1489 m) zum Nordgrat des Monte Generoso, den man knapp unterhalb der **Cima dei Piancaccia** (1610 m) gewinnt. Hier mündet der italienische Gipfelweg („Sentiero alto") von der Bocca d'Orimento (1275 m) herauf. Er führt um eine grasige Kuppe herum zum Fuß des Baraghetto (1694 m) und – den Felsen links ausweichend – zum **Monte Generoso** (4 Std.).

Von der Panoramaplattform auf dem viel begangenen, breiten Pfad hinab zur Bahnstation bzw. zum Bergrestaurant „Generoso Vetta" (1601 m). Hier scharf links und durchs ganze Sonnensystem („Planetenweg") flach hinaus zum Pluto und zu einer unscheinbaren Kuppe (1589 m) am Ostgrat des Generoso. Nun am Grenzkamm bergab, von Grenzstein 26 abkürzend direkt hinunter zur Alp Piana (1412 m). Hier stößt man wieder auf den weißrot-weiß markierten Steig, der über die sehenswerte Alpsiedlung **Nadigh** (1295 m) an einem grasigen Rücken hinabläuft nach

16

Luftige Gratroute: die kleine Via ferrata am Generoso-Nordgrat.

Roncapiana (957 m). Über die von Scudellate (910 m) heraufkommende Straße, dann durch einen Kastanienhain weiter abwärts zur Breggia-Brücke in der innersten Valle di Muggio und auf einem Fahrweg hinaus nach **Muggio** (661 m; 7 Std.).

Variante: Für den Abstieg zur Alpe Nadigh bietet sich alternativ der Weg über die Alpe Génor an: vom Albergo-Ristorante „Vetta" parallel zur Bahntrasse (Naturlehrpfad) abwärts in die flache Senke (1452 m) unter dem Motto di Cima, dann links spitzwinklig in die kahlen Südhänge des Generoso. Schräg abwärts zu einem kleinen Steinbruch und anschließend flach hinüber zur **Alpe Génor** (1275 m). An den Hütten und „nevere" vorbei in einen Graben und weiter ohne Höhenverlust zur **Alpe Nadigh** (1295 m), wo man auf die Kammroute stößt.

Variante: Der Klettersteig am Nordgrat des Generoso (Baraghetto, 1694 m) ist zwar kurz, aber recht ausgesetzt und deshalb nur für erfahrene Bergsteiger geeignet – insgesamt eine lustig-luftige Zugabe zur großen Überschreitung.

Vom „Sentiero alto" schräg aufwärts zum Einstieg am Felsfuß des Baraghetto. An fest verankerten Leitern über die markant geschichteten Türme, dann über eine solide Brücke zu den Gipfelfelsen und an Drahtseilen leicht zum Gipfel des Monte Generoso (1701 m), etwa 0,5 Std.

17

Auf den Monte San Primo (1686 m)

Das schönste Belvedere im Triangolo: Parco Monte San Primo –
Monte San Primo – Rifugio Martina – Parco Monte San Primo   Karte: H 5

 mittel

 8 km

 3 Std.

 ↑ 560 m   ↓ 560 m

 ja

Tourencharakter: Recht kurze Gipfelrunde mit bequemem Anstieg, aber sehr steilem Abstieg (bei Nässe nicht ratsam, dann Abstieg auf dem Anstiegsweg). Vom Monte San Primo große Schau über den Comer See und seine Bergkulisse.

Beste Jahreszeit: Anfang Mai bis zum Wintereinbruch.

Ausgangs- und Endpunkt: Parkplatz des „Parco Monte San Primo" (ca. 1120 m).

Wanderkarte: Kompass 1:50 000, Blatt 91: Lago di Como – Lago di Lugano.

Markierung: Aufstieg als Teilstück des Wanderweges „La Dorsale del Triangolo Lariano" rot-weiß-rot bezeichnet. Sonst kaum Markierungen; bei guter Sicht ist die Orientierung aber problemlos.

Verkehrsanbindung: Von Bellagio (229 m) bzw. Madonna del Ghisallo (755 m) erreicht man den Ausgangspunkt der Tour auf guten Bergstraßen, 16 bzw. 13 km. Nächster Bushalt: Madonna del Ghisallo (755 m).

Einkehr/Unterkunft: Rifugio Martina (1233 m), bewirtschaftet Juni bis Oktober; Tel. 031/96 46 95. Nur einheimische Produkte werden in der „Osteria Gaetan" angeboten. Die urige Wirtschaft steht an der Straße von Bellagio zum „Parco Monte San Primo"; Tel. 031/96 47 62.

Tourist-Info: Ufficio IAT, Piazza della Chiesa 14, I-22021 Bellagio; Tel./Fax 031/95 02 04.

Ein kurzer Blick auf die Landkarte genügt, um zu verstehen, weshalb man den Monte San Primo besteigen muss: der Aussicht wegen. Und die verdankt er seiner Lage über den drei langen Fjorden des Comer Sees – was für eine Schau! Aus dieser Perspektive ist der Lario ein richtiger Alpensee, mit schroffen Ufern und hohen Gipfeln rundum; keine andere Warte gewährt eine ähnlich umfassende Sicht auf all seine Bergketten. Genau westlich hat man das markante Horn des Sasso Gordona (1410 m); rechts dahinter erhebt sich der breite, kahle Rücken des **Monte Generoso** (1701 m, → **Tour 16**). Im Nordwesten, über der weiten Senke von Intelvi, lugt der **Monte Boglia** (1516 m, → **Tour 12**) herein, über der Tremezzina erkennt man den hohen Kamm, der im **Crocione** (1641 m, → **Tour 19**) ausläuft und jäh gegen Menaggio abfällt. Die Gipfelparade über dem Ost-

Mountainbiker können den Monte San Primo von Süden „besteigen", und zwar von der **Colma del Piano** (1124 m), einem Straßenübergang zwischen Nesso am Comer See und der Vallassina; etwa 7 km auf ehemaligen Militärstraßen. Raddepot knapp unter dem Gipfel.

ufer beginnt mit dem **Monte Legnone** (2609 m, → **Tour 23**), einem massigen, düsteren Koloss. Ganz anders das Kalkmassiv der Grigne: heller Kalk, Wandfluchten, filigrane Turmbauten. Es kulminiert im **Grignone** (2409 m, → **Tour 25**), den ein langer Grat mit der **Grignetta** (2177 m, → **Tour 28**) verbindet. Einem Schiffsbug gleich schiebt sich der **Coltignone** (1474 m, → **Tour 29**) gegen die Talmulde von Lecco vor; über der Eisenstadt steht der hohe Zackenkamm des **Resegone** (1875 m, → **Tour 30**).

Der Wegverlauf

Vom Parkplatz des „Parco Monte San Primo" (ca. 1120 m) führt ein schmales Asphaltsträßchen in einer Schleife zur nahen **Alpe del Borgo** (1181 m). Weiter über einen Wiesenhang in die kleine Senke (1312 m) unter dem Monte Forcola, dann, nach rechts umbiegend, weiter bergan zum langgestreckten Hauptkamm des Monte San Primo. Hier stößt man auf eine alte, schon recht verwachsene Straßentrasse, die in angenehmer Steigung unter dem Buckel der Cima del Costone

(1614 m) hindurch bis an die Gipfelkuppe heranführt. Zuletzt über einen Grashang zum Gipfel mit großer Aussicht (1,75 Std.). Der Abstieg folgt dem Nordgrat des Monte San Primo, zunächst mehr Spur als Weg und elend steil. Da hat man auch bei trockenem Gelände erhebliche Mühe mit dem Gleichgewicht, hilft mitunter nur der Griff nach einem Strauch, einer knorrigen Wurzel. Freundlicherweise hält der „Weg" die Fallinie nicht allzu lange und geht bald in leichtes Zickzack über, was die Stimmung hebt und die Gelenke schont. Beim **Rifugio Martina** (1233 m) stößt man auf eine Schotterstraße, die zurückleitet zum Ausgangspunkt (3 Std.).

Mandello und der Monte San Primo.

18 Balkon am Alpenrand: der Monte Rai

Kultur– und Aussichtswanderung: Civate – San Pietro al Monte –
Rifugio Marisa Consiglieri – Monte Rai – Civate   Karte: 16

 mittel

 10 km

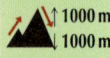 5¼ Std.

 ↑ 1000 m
↓ 1000 m

🙂 nein

Tourencharakter: San Pietro al Monte ist ein ausgedehnter (Kultur-)Spaziergang, für die Überschreitung des Monte Rai braucht man einen sicheren Tritt.
Beste Jahreszeit: San Pietro al Monte übers ganze Jahr möglich; Monte Rai am schönsten im Frühjahr und spät im Herbst. Im Sommer sehr heiß!
Ausgangs- und Endpunkt: Civate (256 m), industriereicher Ort am Nordufer des Lago di Annone. Durch den Flecken, den Hinweistafeln „San Pietro al Monte" folgend, bergauf zu einem Parkplatz hinter der Fabrik „Star".

Wanderkarte: Kompass 1:50 000, Blatt 91: Lago di Como – Lago di Lugano.
Markierung: Gut bezeichnete Bergwege.
Verkehrsanbindung: Civate liegt an der Bahnlinie Mailand – Lecco; Busverbindungen mit Lecco und Erba – Como.
Einkehr: Rifugio Marisa Consiglieri (1110 m), das ganze Jahr über nur an Wochenenden und Feiertagen bewirtschaftet; Tel. 0341/55 13 83.
Tourist-Info: APT del Lecchese, Via N. Sauro 6, I-23900 Lecco; Tel. 0341/36 93 90, Fax 28 62 31

San Pietro al Monte und Monte Rai: zwei Ziele, eine Tour. Kunstliebhaber begnügen sich meistens mit der Wanderung zu dem ehemaligen Benediktinerkloster → **San Pietro al Monte**. Der Gipfel bietet eine bezaubernde Schau von überraschender Weite. Für einmal ist allerdings nicht der Lario alles überstrahlender Blickfang, es ist vor allem die weite Sicht hinaus ins Flache, die bezaubert, über die Hügel und Seen der Brianza in die Poebene. Der Monte Rai, ein „Balkon am Alpenrand", tausend Meter über dem Lago di Annone (224 m).

Der Wegverlauf

Den Auftakt zur Tour macht eine kurze Schluchtstrecke (Hinweis „Orrido"). Wer sich nun auf malerisch-verwegene Eindrücke freut, liegt allerdings falsch: Die Klamm am Eingang in die Valle

dell'Oro ist weitgehend verbaut – leider! Weiter talein wird die Kulisse freundlicher; bei der Casera Pozzo (359 m) stößt man auf den alten Klosterweg, der in lichtem Wald ansteigt nach San Pietro al Monte (662 m; 1,25 Std.). Dahinter geht's weiter Richtung „monte" bergan zum **Rifugio**

18

Romanische Kunst in den Bergen: San Pietro al Monte.

Marisa Consiglieri (1110 m; 2,75Std.), das über eine Straßenzufahrt verfügt (ab Pusiano via Mariaga - tolle Bikerstrecke). Man folgt ihr nur kurz, biegt dann auf den Westrücken des **Monte Rai** (1259 m) ab. Markierungen leiten über Wiesen zum höchsten Punkt (3,5 Std.).

Der Abstieg folgt dem felsigen Ostgrat, mit leichtem Höhenverlust erst hinüber zum **Corno Brione** (1116 m), dann durch Steilhänge, Mulden ausgehend und Geländerippen überspringend, abwärts in flacheres Gelände. Von einer Wiesenkuppe (715 m) rechts hinunter, immer den deutlichen Markierungen nach, an der Abzweigung nach San Pietro al Monte vorbei und talauswärts Richtung Civate. Wenig oberhalb des „orrido" stößt man auf den Anstiegsweg.

> **Tipp**
>
> Klettersteigfans werden in der Nachbarschaft des Monte Rai fündig: an den **Corni di Canzo** (1371 m). Eine gesicherte Route mittlerer Schwierigkeit („Ferrata Venticinquantennale") führt auf das westliche Horn (Corno Occidentale, 1371 m); Zugang von Canzo (402 m) über das Rifugio Terza Alpe (793 m) oder von Valbrona via Alpe Oneda (719 m). Erheblich anspruchsvoller ist die „Ferrata del Trentennale" am **Corno Rat** (906 m), einem felsigen Vorbau des östlichen Horns (Corno Orientale, 1232 m); Anstieg von Valmadrera. Ein ganz leichter, nur an wenigen Stellen gesicherter Steig führt östlich der Corni di Canzo zum **Monte Moregallo** (1276 m), mit dem aussichtsreichen Abstieg über San Isidoro (647 m) eine reizvolle Runde ab Valmadrera (4 3/4 Std.).

Hundszahnlilie.

19 Der Kreuzberg: Monte Crocione (1641 m)

Was für eine Schau!
Griante – Nava – Monte Crocione   Karte: H 4

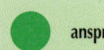 anspr.

 18 km

 7 ½ Std.

 ↑ 1400 m ↓ 1400 m

 nein

Tourencharakter: Anstrengende Wanderung, für die man im Sommer (Sonne!) nicht nur Kondition, sondern auch eine gute Motivation mitbringen sollte. Gipfelaufschwung sehr steil, bei Nässe nicht ratsam.
Beste Jahreszeit: Frühling (Blumen!) und Herbst bis zum Wintereinbruch. Im Hochsommer ziemlich schweißtreibend!
Ausgangs- und Endpunkt: Griante (255 m), 3 km südlich von Menaggio. Von der Uferstraße, dem Hinweis „Griante" folgend, am Castello Ronconi vorbei bis zu einer Verzweigung,

ca. 0,5 km. Parkmöglichkeit.
Wanderkarte: Kompass 1:50 000, Blatt 91: Lago di Como – Lago di Lugano.
Markierung: Bis zur „Galleria" gut bezeichnete Wege; der weitere Aufstieg ist zwar ohne Markierung, bietet aber trotzdem keine Orientierungsprobleme.
Verkehrsanbindung: Griante ist Halt an der Buslinie Como – Menaggio.
Einkehr: Nur in Griante, keine Hütte unterwegs. Ausreichend Getränke mitnehmen, vor allem im Sommer.
Tourist-Info: Ufficio Turistico, Via Regina 1, I-2011 Cadenabbia; Tel./Fax 0344/4 03 93.

Dass der Monte Crocione (1641 m) ein ganz besonders schöner „Hochsitz" sein muss, verrät ein kurzer Blick auf die Landkarte. Fast eineinhalb Kilometer über der glitzernden Wasserfläche reckt sich sein Gipfeldreieck (samt großem Kreuz natürlich) in den Himmel; die Aussicht geht gleichermaßen in die Ferne wie in die Tiefe. Alle drei Arme des Comer Sees hat man im Panoramabild, und im Horizont stehen an klaren Tagen zahllose Gipfel und Zacken.

Der Wegverlauf

Von **Griante** folgt man zunächst dem gepflasterten Stationenweg, der in zahlreichen bequemen Serpentinen ansteigt zum Wallfahrtskirchlein **San Martino** (475 m). Das Gotteshaus thront auf einer Terrasse über dem Lario – den kleinen Abstecher wird sich niemand entgehen lassen. Im Links-rechts-Takt geht's dann weiter bergan; am Rücken des Sasso di San Martino wendet sich der Weg nach links.

19

Man überschreitet den breiten, zernarbten Buckel des Dossone (885 m) und spaziert anschließend hinüber zur **Bocchetta di Nava** (848 m).

Aus der Scharte abwärts zu den Hütten von Nava (2 Std.), dann in weiten Schleifen mit der rot-weißen Markierung der „Via dei Monti Lariani" über die Alp Brente wieder bergan zur „Galleria", einem düsteren Loch, Relikt des Ersten Weltkriegs. An der Weggabelung hinter dem gut 100 Meter langen Tunnel hält man sich rechts und folgt dem ehemaligen Militärweg, der in 20 Kehren ansteigt zum Vorgipfel des Crocione (4 Std.). Bis zum großen Kreuz sind es dann noch gut 200 Höhenmeter: ein Finale mit Pfiff, anstrengend über den grasigen Südostgrat – bei Nässe allerdings eine unangenehme Rutschpartie ...

Diese „Graskraxelei" lässt sich umgehen, indem man der verwachsenen, leicht ansteigenden Straßentrasse links bis in die Mulde unter der Alpe di Tremezzo folgt. Auf unmarkierter Spur hinauf zum Kamm und rechts zum Gipfel des **Crocione** (1641 m; 4,75 Std.).

Zurück auf dem Anstiegsweg bis zu den Hütten von Nava. Nun rechts über den felsigen Rücken des Sasso di Nava mit schöner Aussicht auf den südwestlichen Seearm des Lario und die Halbinsel von Bellagio abwärts ins Flache. Am Siedlungsrand von **Griante** links und auf einem geteerten Sträßchen zurück zum Ausgangspunkt (7,5 Std.).

Eine Logenplatz über dem Comer See: San Martino.

20 Via dei Monti Lariani

Auf den Spuren der Alten:
Breglia – Montuglio – San Bernardo – Dongo   Karte: H/I 3

 mittel

 20 km

 6 ½ Std.

 ↑ 550 m ↓ 1100 m

 ja

Tourencharakter: Lange, aber leichte Wanderung über dem Westufer des Comer Sees. Vorwiegend Alpwege, gutes Schuhwerk aber dennoch vorteilhaft. Mehrere Zwischenabstiege zum Westufer des Comer Sees möglich, u. a. nach Rezzonico und Vignola.
Beste Jahreszeit: Fast das ganze Jahr über möglich; am schönsten im Frühling und im Spätherbst (dann Kastaniensammeln inklusive!).
Ausgangspunkt: Breglia (749 m), Bergdörfchen nördlich von Menaggio.
Endpunkt: Dongo (208 m), stattlicher Flecken mit einiger Industrie an der Val Dongana.
Wanderkarte: Kompass 1:50 000, Blatt 91: Lago di Como – Lago di Lugano.
Markierung: Durchgehend als „Via dei Monti Lariani" rot-weiß-rot und mit der Nummer 3 bezeichnet. Man kann sich aber trotzdem verlaufen: viele Weggabelungen! Also gut auf die Markierungen achten, vor allem beim Einstieg in die Valle Vezzedo.
Verkehrsanbindung: Nach Breglia (749 m) führt von Menaggio eine 7 km lange, recht kurvenreiche Straße. Busverbindung. Zwischen Menaggio und Dongo verkehrt ebenfalls ein Linienbus; viel schöner als die Uferstraße ist eine Rückfahrt übers Wasser, per Schiff!
Einkehr: Baita degli Amici (978 m) in Montuglio, im Sommer bewirtschaftet.
Unterkunft: Albergo „Breglia", I-22017 Breglia; Tel. 0344/3 72 50, Fax 3 73 68.
Tourist-Info: Ufficio Turistico, Piazza Garibaldi 8, I-22017 Menaggio; Tel./Fax 0344/3 29 24.

Die „Via dei Monti Lariani" verläuft hoch über dem Westufer des Comer Sees.

Noch zu Beginn unseres Jahrhunderts – Como war als „città della seta" längst ein Begriff, in Lecco wurde Erz verarbeitet – war der obere Lario ganz bäuerlich geprägt. See, Wald und Almen bestimmten den Jahresablauf; im Frühling stieg man hinauf zu den Maiensäßen, den Monti, im Sommer ging es mit dem Vieh auf die Almen, im Herbst wurden Kastanien gesammelt und Reben

gelesen. Dann kehrte man zurück ins Dorf am See, für den Winter. Heute geht das viel schneller: Anfahrt am Freitagabend über die Autostrada und hinauf zu den Monti, wo das zum Weekendhäuschen umgebaute Rustico steht, leicht zu erkennen an Solarzellen und/oder Antennenschüssel auf dem Dach sowie ein paar mehr oder weniger geschmackvollen Anbauten. Am Sonntag dann zurück in die Stadt, in den Alltag. Gegenwartstakt.

Was ursprünglich Stall, Speicher und schlichte Unterkunft war, wird so zur rustikalen Zweitwohnung für gestresste Stadtmenschen: zurück zur Natur! Immerhin wird auf diese Weise – das muss gerechterweise erwähnt werden – einiges an Bausubstanz bewahrt, und manche der alten, kunstvoll angelegten und immer wieder ausgebesserten Pfade wurden in der Folge der touristischen Erschließung zu markierten Wanderrouten – wie die **Via dei Monti Lariani**. Auf rund 120 Kilometern folgt dieser Weg den Spuren der Bauern am Lario, von Cernobbio bis Sorico – fünf ausgefüllte Tage mit jeder Menge Aussicht und auch ein paar Einsichten ins harte Leben anno dazumal.

Ein besonders schöner Wegabschnitt führt von Breglia ins Val Dongana, von Monti zu Monti, stets in Höhenlagen zwischen 700 und 1200 Metern, mit herrlichen Ausblicken auf den oberen Seearm und seine ausgeprägt alpine Kulisse. Dabei werden mehrere Gräben und Taleinschnitte gequert, man wandert von einem Aussichtspunkt

20

zum nächsten, über Wiesen und durch Waldpartien. Dass die Maiensäße vielfach schon ans Straßennetz angebunden sind, stört zuweilen etwas das Ambiente, ist aber wohl – ihrer neuen Nutzung entsprechend – kaum zu vermeiden.

Tipp

Ein lohnendes Tourenziel hoch über Menaggio ist auch der **Monte Grona** (1736 m) mit mehreren markierten Anstiegen. Am Fuß der Gipfelfelsen liegt das Rifugio Menaggio (1380 m); über den Südgrat verläuft ein sehr anspruchsvoller Klettersteig ("Via ferrata del Centenario CAO") – nur mit entsprechender Ausrüstung! Aufstieg ab Breglia über die Monti di Breglia (996 m; Zufahrt), die Hütte und den "Sentiero Panoramico" etwa 3,25 Std.

Der Wegverlauf

In den engen Gässchen von **Breglia** (749 m) entdeckt man den ersten Hinweis auf die "Via dei Monti Lariani". Gleich hinter dem Ort taucht der Weg ein in den Wald. Zuerst leicht steigend, dann wieder an Höhe verlierend, führt er in den tiefen Graben der Val di Greno. Man überschreitet den Bach und erreicht bald

Nicht drängeln, bitte!

die ersten Monti, jene von **Carcente** (897 m; 1 Std.), mit mehreren gut erhaltenen "masòn" (Häuser) und schönem Blick auf den Comer See. Weiter auf einem Karrenweg, der ab Monti di Treccione (938 m) zum Sträßchen wird, in mäßigem Anstieg zu den verstreuten Häusern und Hütten von **Montuglio** (978 m) mit Straßenanbindung, Aussicht und einem Gasthaus.

Dahinter heißt es aufpassen, dass man den "Einstieg" in die **Val del Brulée** (Valle Vezzedo) nicht verpasst; gut auf die in größeren Abständen gesetzten rotweißen Markierungen achten! Man quert den Graben zu den malerischen **Monti di Bracco** (1069 m); wenig weiter führt der Weg an dem kleinen Kirchlein **San Domenico** (1115 m; 2 Std.) vorbei. Dann leitet der Pfad erneut in eine Talmulde, ins steinige Val Quaradella, das vom Monte Bregagno (2107 m) herabkommt.

Durch lichten Wald erreicht man die Monti Naro (1196 m); über die **Alpe N'alcim** (1201 m) geht es nochmals leicht bergan zum höchsten Punkt der Route (1277 m). Diese Umrundung des Dosso di Naro bietet freie Sicht auf den See und seine Bergkulisse. Unter den felsigen Hängen des Sass de Malanocc führt der Weg über die **Monti Adacca** (1188 m) zu den Monti di Labbio (1086 m). Im Vorblick hat man den mächtigen Sasso di Musso (1140 m); auf dem kleinen Sattel in seinem Rücken steht das Kirchlein **San Bernardo** (1105 m; 4,5 Std.), ein besonders stimmungsvoller Wegpunkt über der Val Dongana (Valle Albano).

Highlights

20

Die **Via dei Monti Lariana** führt in ihrer ganzen Länge von Cernobbio bei Como bis nach Sorico am obersten Comer See; sie gliedert sich in fünf Abschnitte von 22 bis 28 Kilometer Länge (Gehzeit 8 bis 11 Std.). Der Höhenweg ist durchgehend rot-weiß-rot und mit den Nummern 1 bis 4 für die entsprechenden Abschnitte (Nummer 4 für die beiden letzten Tagesetappen) gekennzeichnet. Unterkunftsmöglichkeiten an allen Etappenorten.

Erste Etappe: Cernobbio (201 m) – Colma del Bugone (1119 m) – Rifugio Prabello (1201 m) – Bocca d'Orimento (1275 m) – San Fedele Intelvi (779 m; 11 Std.)

Zweite Etappe: San Fedele – Rifugio Boffalora (1252 m) – Bocchetta di Nave (848 m) – Grandola ed Uniti (396 m; 9 Std.)

Dritte Etappe: Grandola ed Uniti – Breglia (749 m) – San Domenico (1115 m) – Garzeno (662 m; 9 Std.)

Vierte Etappe: Garzeno – Valle del San Jorio – Liro (625 m) – Peglio (633 m; 8 Std.)

Fünfte Etappe: Peglio – Livo (657 m) – Incisa - Montalto (990 m) - Sorico (213 m; 10 Std.)

Die „Via" quert ein Stück weit taleinwärts und führt dann über Wiesenhänge abwärts zu dem Haufendörfchen **Piazze** (755 m). Hier verlässt man den Höhenweg und steigt über Tegano hinab zum Uferort Dongo (208 m; 6,5 Std.).

Wandern von Monti zu Monti, mit Blick auf den See.

21

Auf den Sasso Canale (2411 m)

Unbekanntes Gegenüber des Legnone:
San Bartolomeo – Alpe di Mezzo – Sasso Canale   Karte: J 2

mittel

12 km

5 ¹/₂ Std.

↑ 1200 m
↓ 1200 m

nein

Tourencharakter: Gipfelwanderung auf markierten Wegen, für den Schlussanstieg braucht man einen sicheren Tritt.
Beste Jahreszeit: Ideal ist der Herbst wegen der guten Fernsicht; zudem bleibt der südseitige Anstieg oft bis in den November hinein schneefrei. Im Hochsommer ziemlich schweißtreibend.
Ausgangs- und Endpunkt: San Bartolomeo (1204 m), Ferienhaussiedlung am Südhang des Monte Berlinghera (1930 m).
Wanderkarte: Kompass 1:50 000, Blatt 92: Chiavenna – Val Bregaglia.
Markierung: Etwas verblasste Farbmar-

kierungen, aber kaum Orientierungsprobleme.
Verkehrsanbindung: Von Gera (201 m) am obersten Comer See führt eine asphaltierte Straße über Bugiallo (640 m) zu den Weekendhäuschen von San Bartolomeo, 11 km.
Einkehr: Keine Hütte am Weg; ausreichend Getränke mitnehmen!
Unterkunft: Rifugio Fordecchia (1076 m) an der Straße von Gera herauf; bewirtschaftet von Mai bis Oktober; Tel. 0344/8 47 41.
Tourist-Info: Ufficio Turistico, Piazza Garibaldi 8, I-22017 Menaggio; Tel./Fax 0344/3 29 24

Er teilt das Schicksal vieler Gipfel im Westen des Lago di Como: fast schon namenlos, kaum besucht, und dies trotz der vergleichsweise leichten Zugänglichkeit und großem Panorama. Aber drüben, über dem Ostufer des Sees, stehen mit den Grigne-Dolomiten halt die attraktiveren Zacken, und auch der Legnone (2609 m) wird als höchster Berg am Lario viel öfter besucht. Macht nichts, Ruhe stört beim Bergsteigen nie, und wer an einem Herbsttag, wenn der Nordföhn für glasklare Luft sorgt, auf den Sasso Canale steigt, dürfte es nicht bereuen. Da wird der Schritt gleich etwas schneller, in Gedanken ist man schon längst oben, am Kamm, am Gipfel. Ob sich Bernina, Ortler, Adamello im Panorama zeigen, im Südwesten der Monviso über dem Dunst der Poebene steht?

Bergeller Gipfel und Monte Disgrazia vom Weg zum Sasso Canale.

Der Wegverlauf

Am Endpunkt der asphaltierten Straße, in San Bartolomeo (1204 m), entdeckt man ein Hinweisschild: „Sasso Canale 3 ore, Capanna Como 11 ore". Wegspur und (gelegentliche) Markierungen leiten im Wald bergan, an ein paar Ferienhäu-

21

Im Licht des Südens: der oberste Comer See.

schen vorbei. Bald stößt man auf eine Schotterpiste; sie führt zu den Almen unterhalb der Bocchetta Chiaro (1666 m). Hier links über den Bach zu den Steinhütten der **Alpe di Mezzo** (1336 m; 1 Std.) und auf einem schlechten, teilweise abgerutschten Pfad am Hang bergan gegen den langgestreckten Südostgrat des **Sasso Canale**. Man erreicht ihn unweit vom „Terminone", einer alten Mauer zwischen den Almen von Mezzo und Gigiai, wo sich ein erster packender Blick in die Val Chiavenna und auf die Bergeller Gipfel auftut.

Die ordentlichen gelben Markierungen führen am Kamm aufwärts zum mehrgipfligen Sasso Canale, teilweise direkt am Grat verlaufend, dann wieder in die Südflanke ausweichend. Blockwerk, Geröll und steinige Wiesenhänge wechseln ab, dann leitet die dünne Spur in den düsteren Karwinkel unterhalb der Corvegia (2325 m). „Molto friabile!" – also zwei Schritte vor, einer zurück. Schließlich ist man doch am Gipfelgrat und spaziert hinüber zum Vorgipfel (2397 m). Wer ganz oben sein will, kann auch dem zweiten SIP-Reflektor noch einen Besuch abstatten: ein paar Minuten und nicht einmal 20 Meter Höhengewinn bei fast identischem Panorama (3,5 Std.). – Abstieg auf dem gleichen Weg.

22 Val Codera und „Tracciolino"

Ein Tal aus dem Alpen–Bilderbuch: Novate Mezzola – Codera –
„Tracciolino" – San Giorgio – Novate Mezzola   Karte: J 1/2

 mittel

 16 km

 6 ¾ Std.

 ↑ 700 m ↓ 700 m

 ja

Tourencharakter: Ziemlich lange, aber nicht sehr anstrengende Wanderung. Schwindelfreiheit unerlässlich; in den längeren Tunnels am „Tracciolino" ist eine Taschenlampe angenehm. Auch mit größeren Kindern möglich, sofern sie über alpine Erfahrung verfügen.
Beste Jahreszeit: Fast das ganze Jahr über möglich; am schönsten im Spätfrühling und im Herbst. Im Hochsommer ist der Anstieg nach Avedee ziemlich schweißtreibend.
Ausgangs- und Endpunkt: Novate Mezzola (212 m). Durch den Ort aufwärts, dem Hinweis „Val Codera" folgend, zu einem größeren Parkplatz (316 m) am Taleingang.
Wanderkarte: Kompass 1:50 000, Blatt 92: Chiavenna – Val Bregagli;. Edizioni Multigraphic Sondrio 1:25 000, Blatt: Val Masino – Val Codera –

Costeria dei Cèch.
Markierung: Nur zum Teil bezeichnete, aber durchwegs gute Wege, am „Tracciolino" keine Markierungen, aber dennoch kaum Orientierungsprobleme. Die großen Verbotstafeln am „Tracciolino" kann man getrost ignorieren – in den Bergen ist ja ohnehin jede/r auf eigenes Risiko unterwegs.
Verkehrsanbindung: Novate Mezzola (212 m) ist Station an der Bahnlinie Lecco – Chiavenna. Straßendistanzen: ab Cólico 14 km, ab Chiavenna 12 km.
Einkehr: In Codera gibt es zwei urige Gasthäuser, die „Locanda" und die „Osteria Alpina".
Unterkunft: In der „Locanda" kann man auch übernachten; Tel. 0343/4 44 145.
Tourist-Info: APT Valtellina, Via Cesare Battisti 12, I-23100 Sondrio; Tel. 0342/51 25 00, Fax 21 25 90

Auf dem Weg in die Val Codera.

Wer kennt sie nicht, die „letzten Paradiese" dieser Welt? Hochglanzmagazine sind darauf abonniert, bereiten das Terrain vor für die Massen, die dann „pauschal" oder „last minute" anreisen. Das kann der **Val Codera** nicht passieren, passt das Südalpental doch kaum in gängige Tourismus-Klischees. Und seine Bewohner haben einem zweifelhaften „Fortschritt" ohnehin eine Absage erteilt: Sie wollen nicht einmal eine Zufahrtsstraße, keine Autos im Dorf; bloß ihre Seilbahn, die bereits Antiquitätenwert besitzt, sollte halt durch eine moderne Anlage ersetzt werden. Denn mit ihr kommt das meiste, was man nicht auf dem Buckel herauftragen kann, ins Tal.

Und das gehört ohne Zweifel zu den schönsten Landstrichen weitum. Im Mündungsbereich schluchtartig verengt, öffnet es sich hinter Codera zu einem weiten Hochtal alpiner Prägung, wird der Blick auf eine grandiose Granitkulisse frei, vor allem spät im Jahr – die Lärchen haben sich bereits verfärbt, auf den Gipfelzacken liegt der erste Schnee – ein überwältigendes Bild.

Entsprechend beliebt ist das Coderatal bei den Wanderern, doch da man ganz unten, in **Novate Mezzola** (212 m), starten muss,

hält sich der Andrang in Grenzen: zu anstrengend für die meisten Ausflügler aus Mailand. Dafür begegnet man am Weg ins Tal öfters schwerbepackten Weitwanderern; ihr Ziel ist der hochalpine „Sentiero Roma", der südlich des Bergeller Hauptkamms verläuft.

So viel Gepäck braucht man für die Tour durch die Val Codera natürlich nicht; in **Codera** (825 m) gibt es zudem zwei Osterie, die zu einer Rast bei Brot, Wurst und Vino laden.

Wer anschließend den **Tracciolino** begehen will, sollte allerdings nicht allzu viel Zeit in dem malerischen Flecken vertrödeln – der „Waalweg" quer durch die zerklüfteten Felsen an der linken Talflanke ist lang und so reich an Überraschungen, dass man ihn keinesfalls unter Zeitdruck begehen sollte. Erbaut wurde er im Zusammenhang mit den Kraftwerksanlagen in der Valle dei Ratti und in Campo; die Wasserfassung und damit der Beginn des „Tracciolino" befindet sich etwa eine halbe Gehstunde weiter taleinwärts. Leider hat ein gewaltiger Bergsturz die kunstvoll angelegte Trasse im Bereich der Valle Ladrongo total zerstört, weshalb man gezwungen

22

ist, direkt von Codera aus einzusteigen. Das verkürzt die Tour etwas, schmälert das Vegnügen aber nur unwesentlich, befindet sich der kühnste Wegabschnitt doch erst hinter der Abzweigung nach San Giorgio. Da kommt man dann aus dem Staunen kaum mehr heraus: Der durchwegs meterbreite „Waalweg" läuft quer über steile Felsabbrüche, bohrt sich mehrfach durch den Berg, schneidet abschüssige Hänge, bekommt zuletzt sogar eine richtige Bahntrasse, ehe er bei den Häusern von Càsten (975 m) in der Valle di Ratti ausläuft, rund zehn Kilometer von der Wasserfassung bei Ganda!

Dorf ohne Straße: Codera.

Der Wegverlauf

Der Talweg, eine kunstvoll angelegte Mulattiera, beginnt am oberen Ortsrand von **Novate Mezzola** (212 m); in kurzen Serpentinen gewinnt er rasch an Höhe und quert dann hoch über der Mündungsschlucht der Val Codera eine abschüssige Felsflanke. Überall sind Spuren alter Granitbrüche zu sehen; bei Avedee (791 m) kommt dann erstmals **Codera** (825 m) ins Blickfeld. Der Weg senkt sich durch einen schönen Kastanienhain zu einer längeren Lawinen- und Steinschlaggalerie; dahinter steigt man, vorbei an dem etwas außerhalb stehenden Kirchlein, hinauf zu dem malerischen Flecken (2 Std.).

Vorbei am Rifugio Locanda mit dem **Museo della Valle** zu einer beschilderten Verzweigung. Hier rechts über ein paar Wegschleifen hinab zu der schönen Bogenbrücke (769 m), die den Talbach überspannt. Kurz in ein wildes, felsiges Eck und auf einer zweiten Brücke über die Mündung der Valle Ladrongo. Wenig oberhalb teilt sich der Weg erneut: hier nicht links (zum Bivacco Sempione), sondern geradeaus und an dem licht bewaldeten Hang aufwärts zu den Monti von **Cii** (851 m). Über der Mündung der Val Grande, einem ganz kurzen Seitental, stößt man auf den horizontal verlaufenden **Tracciolino**. Er führt durch eine felsige Flanke in den Graben, anschließend um einen Bergrücken herum. Hier kreuzt man den alten Verbindungsweg zwischen San Giorgio und dem Maiensäß von Cola (1018 m), ehe der „Tracciolino" ins nächste Seitental, die Val Revelaso, einbiegt. Am ge-

22

genüberliegenden Steilhang geht's dann hinaus zu einer weiteren Verzweigung: rechts schräg abwärts nach **San Giorgio,** geradeaus in die Valle di Ratti (4 Std.).

Ein Stück weit sollte man dem „Tracciolino" auf jeden Fall noch folgen, denn nun wird's immer spannender: exponierte Passagen, aus dem Steilfels gesprengt, mehrere, teilweise längere Tunnels und düstere Winkel wechseln ab, bis man schließlich vor dem Eingang zum letzten, rund 400 Meter langen Loch (mit Bahntrasse) steht (Lichtschalter links an der Wand!). Am anderen Ende des Stollens (4,75 Std.) öffnet sich ganz unvermittelt ein reizvoller Ausblick auf den Lago di Mezzola und den obersten Comer See. Was für ein Kontrast zu der wilden Felsszenerie in den Steilflanken der Cima di Provinaccio (1636 m)!

Zurück zur Weggabelung und hinab nach **San Giorgio** (748 m; 5,5 Std.), das sich einer hübschen Aussichtslage über dem Eingang ins Coderatal erfreut. Dahinter auf teilweise recht rauem Steig in vielen Kehren hinunter ins Flache, rechts über den Bach und auf dem Asphaltsträßchen kurz bergan zum Ausgangspunkt der tollen Runde.

Variante: Sehr lohnend ist auch die Wanderung bis in die innerste **Val Codera,** die hinter Codera ihr ausgeprägt alpines Gesicht zeigt. Der Talboden weitet sich, Lärchen haben die Kastanien abgelöst, und bei **Saline** (1085 m) zeigen sich die Dreitausender der Bergeller Berge (Piz Badilet, 3171 m; Pizzo Porcellizzo, 3075 m). Bis zum **Rifugio Brasca** (1304 m) muss man mit einer Gehzeit von etwa 2 Std. rechnen, für den Rückweg nach Codera weitere 1,5 Std.

Von hohen Bergen umstellt: das innerste Coderatal.

23

Auf den Monte Legnone (2609 m)

Der Größte am Lario:
Rifugio Roccoli Lorla – Cà da Legn – Monte Legnone   Karte: I/J 3

mittel

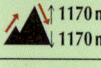

13 km

5 ¾ Std.

↑1170 m
↓1170 m

nein

Tourencharakter: Bergwanderung auf markierten Wegen; im Gipfelbereich ist Trittsicherheit erforderlich.
Beste Jahreszeit: Ab Ende Mai in der Regel gut zu machen; Schnee liegt dann meist nur noch am Gipfelgrat. Besonders lohnend an klaren Herbsttagen (Fernsicht!).
Ausgangs- und Endpunkt: Namenloser Sattel (ca. 1450 m) unter dem Monte Legnoncino, ein paar Minuten vom Rifugio Roccoli Lorla.
Wanderkarte: Kompass 1:50 000, Blatt 105: Lecco – Valle Brembana.
Markierung: Gut bezeichneter Weg, eindeutig im Verlauf, deshalb keine

Schwierigkeiten mit der Orientierung.
Verkehrsanbindung: An dem kleinen Sattel (1450 m) unweit vom Rifugio Roccoli Lorla endet ein Asphaltsträßchen. Es zweigt in Tremenico (759 m) von der Straße in die Val Varrone ab, insgesamt 18 km von → **Dervio** (204 m) am Ostufer des Comer Sees. Parkplatz; Bus nur bis Tremenico.
Einkehr/Unterkunft: Rifugio Roccoli Lorla (1463 m), bewirtschaftet Juni bis Oktober durchgehend, sonst an Wochenenden und Feiertagen.
Tourist-Info: Pro Loco, Via Martiri 6, I-23824 Dervio; Tel./0341/85 02 19, Fax 80 41 11

Vergleiche mögen zwar oft hinken, hilfreich sind sie mitunter aber doch. Garmisch-Partenkirchen, weltberühmter Ferienort im schönen Bayern, hat zwar keinen See, dafür aber die Zugspitze, einen „Fast-Dreitausender", vom Ort aus eindrucksvoll anzuschauen. Und um gut 2300 Meter überragt er die Spitze des Garmischer Kirchturms, dies bei einer Horizontalentfernung von gut zehn Kilometern. Deutscher Rekord.

In Cólico am Comer See muss man sich allerdings schon etwas weiter zurücklehnen, will man den Gipfel des **Legnone** ins Auge fassen: 2609 Meter brutto,

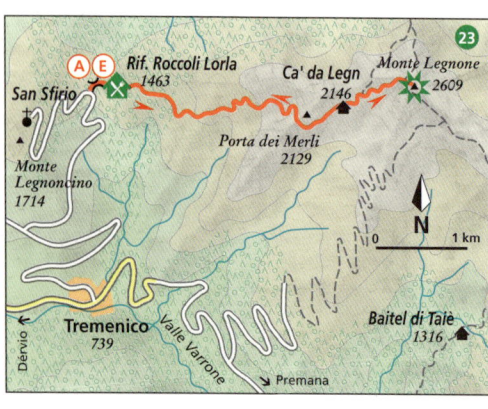

2400 Meter netto auf gerade mal gut fünf Kilometer Abstand, horizontal gemessen! Und das bei einem Berg, der da steht, wo die meisten Bayern bereits Alpenvorland und Surfrevier vermuten... Ein Glück, dass man die Tour nicht gleich unten am See, sondern in halber Höhe starten kann!

Der „kleine Bruder" des Legnone, der **Monte Legnonciono (1714 m)**, ist ein tolles Ziel für bestens trainierte Biker: 1500 Steigungsmeter von Dervio herauf, bis in den Sattel (1450 m) unterhalb des Rifugio Roccoli Lorla asphaltiert, dann recht raue ehemalige Militärstraße. Knapp unter dem Gipfel steht die Kapelle San Sfirio (1698 m); große Rundschau.

Der Wegverlauf

Der Anstieg folgt weitgehend dem ausgeprägten Westgrat des Bergstocks, was die Orientierung wesentlich erleichtert. Vom Straßenendpunkt kurz aufwärts, dann links unter dem **Rifugio Roccoli Lorla** (1463 m) hindurch und ohne größere Steigung an dem bewaldeten Rücken entlang, mit gelegentlichen Ausblicken zu den Grigne. An den ersten Kehren der Mulattiera stört kurz eine Hochspannungsleitung, die den Bergstock quert, das malerische Bild. Wenig weiter senkt sich der Weg dann zum Almgelände von **Agrogno** (ca. 1660 m). Hier wird erstmals die Sicht nach Norden frei, auf die Bergeller Berge.

Auch das Gipfelziel zeigt sich; deutlich auszumachen sind an dem breiten Vorbau der Porta dei Merli (2129 m) die Serpentinen des kunstvoll angelegten Plattenweges. Knapp unter der Höhe quert man auf die Ostseite des Kamms, der zum eigentlichen Gipfelaufbau überleitet. An dessen Fuß steht die Biwakhütte **Cà da Legn** (2146 m), stets zugänglich, aber nicht bewirtschaftet. Nun in kurzen Serpentinen am schrofigen Westgrat aufwärts, vorbei an einem großen SIP-Reflektor. Am Vorgipfel (2529 m) mündet links der Nordanstieg; zum großen Kreuz am **Legnone** (3,5 Std.) ist es nur mehr ein Katzensprung: ein gutmütiger Rücken, zuletzt ein paar leichte Felsen.

23

Der höchste Gipfel am Comer See: Monte Legnone.

24 Nichts für Anfänger: der Pizzo Alto

Große Runde über der Val Varrone: Premana – Alpe Deleguaccio – Pizzo Alto – Bocchetta di Taeggio – Valle di Fraina – Premana   Karte: J 3

 anspr.

 20 km

 9 ¹/₄ Std.

 1800 m / 1800 m

 nein

Tourencharakter: Große Gipfelüberschreitung, Bergerfahrung und eine tadellose Kondition unerlässlich, dazu etwas Orientierungsvermögen. An der „Alta via della Valsássina" mehrere gesicherte Passagen. Nicht bei Nebel gehen!
Beste Jahreszeit: Mitte Juni bis Mitte Oktober.
Ausgangs- und Endpunkt: Premana (951 m), stattliches Bergdorf in der inneren Valle Varrone.
Wanderkarte: Kompass 1:50 000, Blatt 105: Lecco – Valle Brembana.
Markierung: Aufstieg und „Alta via della Valsássina" gut bezeichnet, Abstieg teilweise unmarkiert.

Verkehrsanbindung: Premana (951 m) erreicht man von Dervio und aus der Valsássina über ordentliche Straßen, 16 km ab Dervio, 20 km ab Bellano und 39 km ab Lecco. Busverbindung zwischen der Valsássina und Premana.
Einkehr: Kein bewirtschafteter Stützpunkt unterwegs!
Unterkunft: „La Peppa", Via A. Volta 6, I-23834 Premana; Tel. 0341/81 91 95. Einfaches, aber ordentlich geführtes Haus.
Baita di Albaree (ca. 2000 m), Notunterkunft, stets zugänglich.
Tourist-Info: Pro Loco, Via Martiri 6, I-23824 Dervio; Tel. 0341/85 02 19, Fax 80 41 11.

Stiebende Wasser im Tal des Varoncello.

Im Gipfelkranz der Valle Varrone ist der Legnone (2609 m) die höchste, der Tre Signori (2554 m) die mächtigste Erhebung. Da fällt der **Pizzo Alto** nicht weiter auf. Dabei ist das kecke Hörnchen Kulminationspunkt einer Überschreitung, die man getrost der Kategorie „Spitzenklasse" zuordnen darf, eine ganz große Tour, bei der Wetter, Kondition und Motivation stimmen müssen: gute zehn Stunden ist man unterwegs zwischen Tal und Gipfel, die Gesamtsteigung summiert sich auf etwa 1800 Meter. Ausdauer verlangt schon der Anstieg, das Auf und Ab am Kamm dann eine stabile Psyche; beim Rückweg braucht man dafür etwas Orientierungssinn, werden die Markierungen doch immer weniger, und zum guten Schluss folgt ein längerer Marsch talauswärts, zurück nach Premana.
Doch da ist man dann in Hochstimmung, müde zwar, aber noch ganz

24

unter dem Eindruck der großen Runde stehend. Was für ein Weg, was für Ausblicke: nach Norden zu den Bergeller Granitzacken und auf den weißen Monte Disgrazia (3678 m), hinab auf den schimmernden Spiegel des Lario, in die Valle Varrone, auf die Dolomitgipfel am Alpenrand!

Der Wegverlauf

Die Gipfeltour ist zuerst einmal eine Almwanderung: von → **Premana** (951 m) auf den alten Wegen durch das Tal des Varronecello, über Gorla (994 m), Zucco (1018 m) und Gianello (1088 m). Dabei bieten sich packende Tiefblicke in den schluchtartig eingerissenen Talgrund; über der Mündung des Varroncello-Bachs, am Ansatzpunkt des Monte-Legnone-Südgrats, thront der Flecken Pagnona (806 m). Hinter der **Baitel di Taie** (1316 m) kommt man nach Querung eines Grabens zu einem hübschen Rastplatz. Dann läuft der Weg unter Felsen hindurch, ehe er zu einer winzigen Kapelle ansteigt. Weiter aufwärts, über einen in lustigen Kaskaden herabstiebenden Bach und zur (ex-)**Alpe di Deleguaccio** (1670 m; 2 Std.).

Oberhalb der Steinhütten entdeckt man am Fels eine deutliche rot-weiße Markierung. Der Zickzackspur des Weges folgend kommt man zum unteren **Lago di Deleguaccio** (2096 m; 3 Std.), einem kreisrunden Gewässer, scheinbar ohne Abfluss, von einem Halbrund steiler Felsen umschlossen. Rechts um den See herum und aufwärts zu einer markanten Rinne, die man mit Kettenhilfe zum weiten Karboden der beiden oberen Laghi di Deleguaccio durchsteigt. Nun nicht links zum Grat, sondern gleich rechts über einen breiten, schrofigen Rücken aufwärts zu einem Band, das hinausleitet zum Westgrat der Cima del Cortese (2427 m). Hier zeigt sich erstmals der spitze Gipfel des **Pizzo Alto** (2512 m). Die „Alta via della Valsássina" läuft durch die der Valle Varro-

24

ne zugewandte Steilflanke, überquert eine winzige Scharte und steuert dann die Südostschulter an (ca. 2480 m). Hier links in leichter Kletterei (I) zum Kreuz (5 Std.).

Die anschließende Gratüberschreitung ist dann ein einziges Schauerlebnis; ins Veltlin (Valtellina), zu den Bergeller Granitzacken und tief in die Bergamasker Alpen geht der Blick, im Süden in die Valsássina und zu den Grigne. Die „Alta via" folgt konsequent dem Kamm; ein erster Gratturm wird mit Hilfe von Ketten bestiegen, hinter der zweiten Kuppe ist eine etwas heikle Querung über plattige Felsen ebenfalls gesichert. Rechts in der

Tiefe werden die verfallenen Hütten der Alpe di Taeggio sichtbar. Man steigt aber noch nicht ab, sondern folgt dem Grat über die nächste Höhe bis in die **Bocchetta di Taeggio** (2293 m; 6,25 Std.). Hier weist eine Tafel rechts hinab zur **Baita di Albaree** (ca. 2000 m). Gelb-blaue Markierungen, ziemlich willkürlich in die steilen Wiesenhänge gesetzt, geben die Richtung an; bei schlechter Sicht (Nebel) sind sie durchaus nützlich. Von der gut eingerichteten Hütte (Biwak, stets zugänglich) wandert man auf einem alten Weg abwärts zur auf-

Stilles Gewässer am Weg zum Pizzo Alto: der untere Lago di Deleguaccio.

gegebenen **Alpe di Taeggio** (1819 m).

Bis dahin ist die Orientierung einfach. Nun heißt es aufpassen: An der gegenüberliegenden, östlichen Talflanke ist tiefer in dem Seitental eine deutliche Wegspur auszumachen, die leicht ansteigend den Hang schneidet und zu einer kleinen Kanzel führt. Zu dem Pfad steigt man ab, dem bereits ziemlich stark verwachsenen Almweg folgend; am Bach eine einzelne rot-weiße Markierung. Von der Kanzel (schöner Rastplatz, aber Vorsicht: Schlangen!) leitet die Spur in vielen Serpentinen hinab in die **Valle di Fraina**. Bei einer Kapelle (1269 m) stößt man auf den alten Talweg. Er führt in leichtem Auf und Ab zurück nach **Premana**, vorbei an mehreren (teilweise vorbildlich restaurierten) Almsiedlungen, in einem großen Bogen bei Domanda (1180 m) den tiefen Graben am Fuß des Pizzo Alto passierend.

Gipfel der Grigne: il Grignone

Ein Riese auf tönernen Füßen: Rifugio Cainallo – Bocchetta di Prada – „Via ferrata CAI Mandello" – Grignone – Rifugio Cainallo   Karte: I/J 4/5

25

Tourencharakter: Sehr anspruchsvolle, aber überaus abwechslungsreiche Runde. Bei der „Ferrata CAI Mandello" handelt es sich um einen Klettersteig mittlerer Schwierigkeit, mit Eisenbügeln und Ketten bestens gesichert. Komplette Klettersteigausrüstung empfehlenswert!
Beste Jahreszeit: Mitte Juni bis Oktober.
Ausgangs- und Endpunkt: Rifugio Cainallo (1241 m).
Wanderkarte: Kompass 1:50 000, Blatt 105: Lecco – Valle Brembana.
Markierung: Alle Steige sind bezeichnet, Hinweistafeln an den Verzweigungen.
Verkehrsanbindung: Zum Rifugio Cainallo (1241 m) kommt man von → **Varenna** (202 m) über → **Ésino Lario**

(816 m) auf einer guten, aber recht kurvenreichen Straße, 18,5 km. Parkplatz bei den Skiliften. Bus bis Ésino Lario.
Einkehr/Unterkunft: Rifugio Cainallo (1241 m), ganzjährig bewirtschaftet; Tel./Fax 0341/86 01 31. Rifugio Bietti (1715 m), bewirtschaftet Juni bis November an Wochenenden, im August durchgehend; Tel. 0341/73 59 17. Rifugio Brioschi (2403 m), ganzjährig bewirtschaftet, November bis April jeweils Mittwoch und Freitag geschlossen; Tel. 0341/91 04 98. Rifugio Bogani (1816 m), bewirtschaftet Juni bis September; Tel. 0368/3 52 70 21.
Tourist-Info: Pro Locco, Via Manzoni 57, I-23826 Mandello del Lario; Tel./Fax 0341/73 29 12.

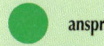
anspr.

13 km

7 Std.

↑ 1200 m
↓ 1200 m

nein

Dolomitenzauber am Lario: die **Grigne**, ein Kalkmassiv, gerade 150 Quadratkilometer groß, aber immerhin 2400 Meter hoch. Rückgrat der Gebirgsgruppe, die den Bergamasker Alpen zugezählt wird, ist ein von Nord nach Süd laufender Kamm, der bei Ésino ansetzt, sich über den **Grignone** (2409 m) und die Grignetta (2177 m) bis zum Monte Coltignone (1473 m) erstreckt, dann jäh ins Talbecken von Lecco abfällt. Baumaterial sind Sedimente der Mittleren Trias, die Schichtfolge ist durchaus mit jener der „Bleichen Berge" vergleichbar; an die Stelle des Schlerndolomits tritt hier der Ésinokalk. Es ist aber vor allem die Formenvielfalt der Grigne, die einen unwillkürlich an die „richtigen" Dolomiten denken lassen; in den Flanken der Grignetta stehen wohl mehr bizarre Türme als im Latemar, und der Sasso Cavallo (1920 m) mit seinem senkrechten Südabsturz würde auch bestens in die Pala passen.

Typisch für die südlichen Kalkalpen ist auch die Flora, angereichert durch zahlreiche mediterrane Arten, mit mehreren

Art natur: das Felsentor von Prada.

25

Endemiten. Auf den kargen Wiesen oberhalb der Baumgrenze blühen Edelweiß (Leontopodium alpinum) und Kohlröschen (Nigritella nigra), zwei richtige „Klassiker"; zu entdecken gibt es natürlich noch weit mehr: Christrosen (Helleborus niger), zahlreiche Liliengewächse wie Maiglöckchen (Convallaria majalis), Trichterlilien (Paradisia lilastrum), die Gefleckte Schachblume (Fritillaria meleagris) und Türkenbund (Lilium martagon), verschiedene Enziane, Veilchen, darunter Dubys Stiefmütterchen (Viola dubyana), ein Endemit, mehrere Steinbrecharten, Weiße Narzissen (Narcissus poëticus), Meergrüne Primeln (Primula glaucescens), Felsaurikel (Primula auricula) und viele, viele andere. Augen auf!

Höchste Erhebung des Massivs ist der **Grignone** (Grigna Settentrionale, 2409 m), ein richtiger Koloss mit ausladenden Graten. Auf seiner Nordabdachung, zwischen der Cresta di Piancaformia und dem Palone (2089 m), ist eine Karrenhochfläche eingebettet; sie verrät einiges über den „löchrigen" Untergrund des Riesen: Klüfte, Dolinen und tiefe Schächte lassen das Wasser ins Gestein eindringen. So ist im Innern des Bergstocks ein riesiges Labyrinth von Gängen und Hohlräumen entstanden. An seinen Flanken, aber auch am Gebirgsfuß tritt das Wasser dann wieder aus; berühmteste Karstquelle der Grigne ist der **Fiumelatte** (→ **Varenna**), gelegentlich als „Italiens kürzester Fluss" apostrophiert.

Der Wegverlauf

Vom Parkplatz bei den Skiliften entweder auf der Straße oder – abkürzend – über die Piste hinauf zum Vò di Moncodeno (1436 m),

25

einer kleinen Scharte unter dem Minizacken des Cimone (1498 m). Weiter auf ordentlichem Weg in angenehmer Steigung, die nordöstlichen Hänge des Monte Pilastro (1826 m) querend, zur Weggabelung wenig unterhalb der **Bocchetta di Prada** (1634 m). Hier rechts aufwärts, dem Hinweis „Rif. Bietti" folgend, in die Scharte und dann auf hübschem Weg ohne nennenswerte Steigung quer durch die dem Comer See zugewandte Steilflanke der Cresta di Piancaformia. Man kommt an der **Porta di Prada** vorbei, einem gut zehn Meter hohen Torbogen aus Fels. Vom **Rifugio Bietti** (1715 m; 1,75 Std.) führt ein Steiglein in den hintersten Winkel der Val di Sasso Cavallo. Hier schräg über schrofige Hänge und steil hinauf in eine winzige Scharte oberhalb der Bocchetta di Val Cassina. Man übersteigt eine Gratkuppe und erreicht, zuletzt wieder etwas an Höhe verlierend, den Einstieg der Ferrata. Eisenbügel, eine Leiter und Ketten helfen über die ersten, fast senkrechten 25 Meter hinweg, dann führt die Route in leichteres Gelände. Sie folgt dem Grat, nun mehr Höhenweg als Klettersteig, mit viel Aussicht und einigen solide gesicherten Felspassagen, insgesamt ein genussvolles Auf und Ab, das schließlich am Hauptkamm des Grignemassivs ausläuft. Von der **Bocchetta di Releccio** (2260 m) am Gratweg im Zickzack zum **Grignone** (2409 m; 4,5 Std.).

Vom Gipfel zunächst an Drahtseilen über gestufte Felsen nordseitig abwärts in einen Geröllwinkel, dann in dem unübersichtlichen Karrengelände weiter bergab (Vorsicht bei Nebel!). Unweit eines markanten freistehenden Felsturms zweigt links die „Via Guzzi" zur Biettihütte ab. Weiter auf dem nun deutlicheren Steig über einen breiten Rücken hinunter zum **Rifugio Bogani** (1816 m; 5,75 Std.). Auf breitem Weg hinunter zur Alpe di Moncedeno (1680 m), dann links in die Val delle Lavine und in leichtem Gegenanstieg zur Weggabelung unterhalb der Bocchetta di Prada. Auf dem Anstiegsweg zurück zum Ausgangspunkt der großen Runde (7 Std.).

Gratabschnitt an der „Ferrata CAI Mandello".

26 Verstecktes Paradies: Valle di Era

Zwischen Felsen und Wassern:
Sonvico – „Sentiero del Fiume" – Santa Maria – Sonvico   Karte: 15

anspr.

8 km

3 1/4 Std.

↑ 500 m
↓ 500 m

ja

Tourencharakter: Klammwanderung auf dem stellenweise gesicherten „Sentiero del Fiume", Schwierigkeiten je nach Wasserstand variierend, nach starken Regenfällen ziemlich feuchtes Vergnügen. Jede Menge Badeplätze und Gumpen, auf der zweiten Weghälfte auch einige ungesicherte, exponierte Passagen. Kinder gehören da ans kurze Seil!
Beste Jahreszeit: Im Sommer angenehm warm zum Baden, im Herbst sehr stimmungsvoll.
Ausgangs- und Endpunkt: Sonvico (386 m), kleiner Weiler über dem Eingang in die Valle di Meria.
Wanderkarte: Kompass 1:50 000, Blatt 91: Lago di Como – Lago di Lugano.
Markierung: Bestens markierte Wege,

Hinweistafeln an den Verzweigungen.
Verkehrsanbindung: Die Fraktion Sonvico (386 m) erreicht man von Mandello del Lario (214 m) auf guter Straße über die Ortsteile Palanzo und Somano, 3 km. Am Ortseingang Parkplatz; Bus bis Somana.
Einkehr: Keine Hütte am Weg, dafür genug Wasser ...
Unterkunft: Günstig ist man im Gasthaus „Al Verde" untergebracht; Rongio, I-23826 Mandello del Lario; Tel./Fax 0341/73 51 04. Zufahrt vom Ortszentrum etwa 3 km.
Tourist-Info: Pro Loco, Via Manzoni 57, I-23826 Mandello del Lario; Tel./Fax 0341/73 29 12.

→ **Mandello del Lario**, rund 10 000 Einwohner zählend, ist kein Ort, den man auf Anhieb mit Urlaub, mit See und Bergen in Verbindung bringt. Berühmt wurde es auch durch die Motorräder der Firma Moto Guzzi, die, 1921 gegründet, über Jahrzehnte hinweg auf den Rennstrecken der Welt erfolgreich war. Doch hier interessiert die PS-starke Historie weniger als die Wege im Hin-

terland des Industrieortes, vor allem der „Sentiero del Fiume".

Und da geht es für einmal nicht auf den Berg, sondern in eine Klamm, ein vergnügliches Unternehmen, an und im Wasser, mal links, dann wieder rechts des Bachs, über Felsstufen aufwärts, an kleinen Wasserfällen und einladenden Badegumpen vorbei. Ganz hoch die

26

Horizontlinie, mitunter ist nur ein Stück Himmel zwischen senkrechten Felsen sichtbar, dann wieder öffnet sich ein Seitental. Und am Rückweg kann man hinabgucken in den tiefen, verästelten Graben – vielleicht sind dann die Füße wieder trocken ...

Der Wegverlauf

Am Parkplatz von **Sonvico** (386 m) weist ein Schild zum „Sentiero del Fiume". Auf breitem Weg wandert man in die Valle Meria; Abzweigungen zum „Sentiero naturalistico", nach Rongio und nach Gardata („Sentiero del Tacc") bleiben rechts. Der Pfad senkt sich zum Bach - das (feuchte) Vergnügen kann beginnen! Je nach Wasserstand mit oder ohne Schuhe gehts über den Bach, immer wieder rechts-links, dazwischen schlängelt sich das Weglein durchs Unterholz, nimmt es die nächste Rampe, über die das Wasser stiebend herabschießt, quert es abschüssige Grashänge. Eine rutschige Passage ist mit Ketten gut gesichert; zuletzt erreicht man über einen steilen, licht bewaldeten Hang den Ausstieg (ca. 800 m; 2 Std.) wenig unterhalb der **Alpe di Era** (832 m).

Der Abstieg, Markierung 15, verläuft an der orographisch rechten Talflanke hoch über dem „Fiume"; er ist teilweise in fast senkrechte Felsen trassiert. Man passiert die Abzweigungen zur Bocchetta di Prada und zum Zucco di Sileggio, wandert am Hospiz von **Santa Maria** (664 m) vorbei talaus- und abwärts, zurück nach Sonvico, wo sich die Runde schließt (3,25 Std.).

Ein idyllischer Platz: das alte Hospiz Santa Maria.

Variante: Ein interessanter Abstiegsweg verläuft links der Klamm, über die extrem steilen Hänge unterhalb von Gardata, Markierung 18A. Vom Ausstieg des „Sentiero del Fiume" rechts zur **Alpe di Era** (832 m), dann östlich weiter ansteigend in die Valle del Quadro. Nun bergab und talauswärts, mit faszinierenden Tiefblicken. Den rechts abgehenden „Sentiero del Venespul" lässt man unbeachtet; nach einem steilen Zwischenabstieg heißt es aufpassen, dass man die Abzweigung des „Sentiero del Tacc", Markierung 18B, nicht übersieht. Er leitet über eine Geländerippe hinab in die Klamm und zurück zum Anstiegsweg. Gesamtgehzeit 4 Std.

27 Über den Zucco Pertuso zur Rosalbahütte

Eine Hüttenrunde mit Pfiff: Rongio – Bocchetta di Portorella –
Zucco Pertuso – Rifugio Rosalba – Colonghei – Rongio   Karte: 15

 anspr.

 15 km

 7 ¾ Std.

 ↑ 1400 m
↓ 1400 m

 nein

Tourencharakter: Anspruchsvolle Gratroute, durchgehend gelb markiert, mit einigen leichten Kletterstellen (I–II), aber ohne Sicherungen. Bei Nässe nicht ratsam!
Beste Jahreszeit: Anfang Juni bis Oktober.
Ausgangs- und Endpunkt: Rongio (397 m), Weiler in hübscher Lage über der Mündung der Valle di Meria.
Wanderkarte: Kompass 1:50 000, Blatt 91: Lago di Como – Lago di Lugano.
Markierung: Rot-weiß bzw. gelb markierte Wege, Tafeln an den Verzweigungen.

Verkehrsanbindung: Von Mandello del Lario gute Straße, 3 km. Busverbindung.
Einkehr: Rifugio Rosalba (1720 m), bewirtschaftet Mitte Juni bis Mitte September, außerhalb dieser Zeit an Wochenenden und Feiertagen; Tel. 0341/73 27 93.
Unterkunft: Günstig ist man im Gasthaus „Al Verde" in Rongio untergebracht; I-23826 Mandello del Lario; Tel./Fax 0341/73 51 04.
Tourist-Info: Pro Loco, Via Manzoni 57, I-23826 Mandello del Lario; Tel./Fax 0341/73 29 12.

Eigentlich ist das **Rifugio Rosalba** ja vor allem Stützpunkt für Kletterer, die am Westgrat der Grignetta, dem vielgezackten Segantini-Kamm, Routen en masse und in fast allen Schwierigkeitsgraden finden. Ein ganz klein wenig als „arrampicatore" darf sich auch fühlen, wer von der Bocchetta di Portorella über den Grat zum **Zucco Pertuso** (1674 m) aufsteigt: eine dünne Spur zwar, aber ohne Sicherungen, die sich über den felsdurchsetzten Kamm schlängelt. Da muss man dann immer mal wieder zupacken, sich durch Rinnen hocharbeiten, kleine Steilstufen überklettern. Die Route gilt als Geheimtip; Massenandrang ist hier – im Gegensatz zu den klassischen Grigne–Anstiegen – kaum zu befürchten, auch nicht an Wochenenden.

Kletterrevier: Cresta Segantini und Resegone.

Immerhin liegen stattliche 1400 Steigungsmeter zwischen dem Ausgangspunkt oberhalb von Mandello del Lario (214 m) und der kleinen Rosalbahütte - aber auch ein paar

27

Ist man erst einmal beim Rifugio Rosalba angekommen, lockt natürlich der Gipfel der **Grignetta** (Grigna Meridionale, 2177 m). Der schönste Aufstieg, markiert und an einigen Stellen gesichert, ist der „Sentiero Cecilia" (→**Tour 28**). Er mündet unter dem Gipfel in den über die Cresta Cermenati verlaufenden Normalweg. Ab Rifugio Rosalba gut 2 Std., Abstiegsmöglichkeit über das Rifugio Elisa (1515 m) in die Valle Meria. Nächtigung in einer der beiden Hütten.

erlebnisreiche Stunden. Grandios der Landschaftrahmen, auf der einen Seite die verästelte, felsumrahmte Valle Meria mit dem wuchtigen Grignone (2409 m) und dem Dolomitturm des Sasso Cavallo (1920 m), in der Tiefe die glitzernde Wasserfläche des Lario, über dem sich die kahlen, nur wenig profilierten Höhenzüge des Triangolo erheben. Und wenn der Nordföhn vom Alpenhauptkamm herabpfeift, Smog und Dunst in die Poebene hinausbläst, reicht die Fernsicht nach Westen bis zu den Walliser Alpen, vielleicht sogar bis zum Monviso (3841 m) in den Cottischen Alpen. Da hockt man dann oben am Zucco Pertuso und kann kaum genug bekommen von dieser Landschaft, in der sich auf so unvergleichliche Weise hochalpine und mediterrane Eindrücke verbinden.

Der Wegverlauf

Ausgangspunkt der Tour ist **Rongio** (397 m), ein kleiner Flecken über dem Eingang in die Valle Meria. Man folgt kurz dem nördlichen, dann dem südlichen Rosalba-Hüttenzustieg, Markierungen 13 und 12, bis links das Steiglein zum Monte Malavello (1113 m) abzweigt, Bezeichnung 13B. Im Mischwald gewinnt die dünne Pfadspur erst gemächlich, dann stärker an Höhe. Über einen

27 Wiesenhang peilt sie schließlich steil die **Bocchetta di Portorella** (1080 m; 2 Std.) an.

In der kleinen Senke startet die „Gratwanderung", durchgehend mit gelben Punkten markiert. Die leiten verlässlich durch das verwirrende Layrinth von Zacken, Fels-

Nach der Tour hat man sich ein feines Essen in angenehmer Atmosphäre verdient. Beides bietet das kleine Restaurant Il Riccolo in Olcio, gut 2 Kilometer nördlich vom Mandello del Lario. Sehr zu empfehlen ist das Seemenu („Menu del lago"), lecker auch der Gamberisalat, die Spaghetti mit Missottini (getrocknete Alsen) oder die gratinierten Renken. Ruhetage So, Mo, im September geschlossen; Tel. 0341/73 25 46.

türmchen und Rinnen aufwärts, über Schrofenhänge und Wiesenflecken. Gehgelände wechselt ab mit kurzen, leichten Kletterpassagen (I–II); eine ruppig-rutschige Steilrinne entlässt einen schließlich ziemlich geschafft auf einen Grasbuckel (ca. 1440 m): Ende der Schwierigkeiten, aber noch keineswegs das Ende der Überschreitung.

Immerhin, der **Zucco Portorella** (1505 m), erstes Gipfelchen in dem langen Kamm, ist schon recht nahe. Dahinter leitet der Weg

kurz abwärts, dann um einen Gratrücken herum und schließlich steil über einen Wiesenhang hinauf zum **Zucco Pertuso** (1674 m). Von der Kuppe bietet sich eine kontrastreiche Rundschau. Packend vor allem der Blick auf die zerklüfteten Felsflanken der Grignetta (Grigna Meridionale, 2177 m). Am Fuß der Cresta Segantini steht das **Rifugio Rosalba** (1720 m; 4,75 Std.): noch gut ein Ki-

Begegnung am Zucco Pertuso.

lometer anregendes Auf und Ab am Grat entlang.

Für den Abstieg nimmt man den südseitig verlaufenden Weg, der freie Sicht auf den Comer See bietet. Von der Hütte geht es zunächst steil und steinig hinunter in den Canalone del Pertuso, dann über einen licht bewaldeten Hang weiter bergab zu den Häusern von **Colonghei** (964 m; 6 Std.). Nun auf einem breiteren Pfad quer durch die Südflanke des Zucco Portorella, immer wieder mit Ausblicken auf den See. Die Felskuppe des Zucco della Rocca (964 m) bleibt links; an der Weggabelung (672 m; Tafel) oberhalb von Lombrino hält man sich rechts. Das mit 12 bezeichnete Weglein leitet über Wiesen und durch Kastanienhaine zurück nach **Rongio** (7,75 Std.).

Über die Grignetta (2177 m)

28

Der Weg ist das Ziel: Piani Resinelli – Rifugio Porta – „Direttissima" –
„Sentiero Cecilia" – Grignetta – Cresta Sinigaglia   Karte: J 5

Tourencharakter: Gipfelüberschreitung auf abschnittsweise gesicherten Steigen, leichte Kletterstellen (I–II). Bergerfahrung unerlässlich!

Beste Jahreszeit: Mitte Juni bis Anfang November. Wenig Schatten an allen Südanstiegen, im Hochsommer deshalb früher Aufbruch ratsam. In der heißen Jahreszeit sind Nachmittagsgewitter recht häufig.

Ausgangs- und Endpunkt: Piani Resinelli (1280 m), Sport- und Erholungsgebiet in der Senke zwischen Monte Coltignone (1473 m) und Grignetta.

Wanderkarte: Kompass 1:50 000, Blatt 91 „Lago di Como–Lago di Lugano".

Markierung: Bestens bezeichnete Wege, an den Verzweigungen Hinweistafeln.

Verkehrsanbindung: Von Ballabio (661 m) führt eine Serpentinenstraße zu den Piani Resinelli, 8 km Großer Parkplatz, Busverbindung mit Lecco.

Einkehr/Unterkunft: Rifugio Porta (1425 m), ganzjährig bewirtschaftet; Tel. 0341/59 01 05.

Tourist-Info: APT del Lecchese, Via N. Sauro 6, I-23900 Lecco; Tel. 0341/36 23 60, Fax 28 62 31.

 anspr.

 9 km

 5½ Std.

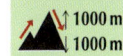 1000 m 1000 m

 nein

Der Grignone (Grigna Settentrionale, 2409 m) mag ja der höchste Gipfel der Grigne sein und ein wuchtiger Klotz, doch die Schau gehört der **Grignetta** (Grigna Meridionale, 2177 m), die – um es einmal peotisch auszudrücken – über ein ganzes Heer von Trabanten gebietet, Zacken und Türme, bizarre Spitzen jeder Form und Größe in ihren Flanken. Da hat sich die Natur als besonders kreativ erwiesen, aus der Felskruste eine Vielzahl von Modellen skulptiert: ein einziger riesiger Klettergarten, vor allem aber die faszinierende Kulisse für eine der schönsten Bergwanderungen weitum. Hier ist der Weg das Ziel, nicht der Gipfel. Ständig wechselnde Szenerien, immer neue Blickpunkte halten einen gefangen; die Frage nach dem „Wie weiter?" sorgt für zusätzliche Spannung. Man bewegt sich durch ein steinernes Labyrinth, berauscht von all den Bildern; in der Tiefe glitzert die weite Wasserfläche des Comer Sees, und am Horizont stehen die Fels- und Eisgipfel der

Phantastisch! Am „Sentiero Cecilia".

Hochalpen, vom Monviso (3841 m) im Südwesten bis zum Monte Disgrazia (3678 m) im Nordosten.

Von den Piani Resinelli führen mehrere Wege auf die Grignetta; der kürzeste – jener über die Cresta Cermenati – ist auch der langweiligste, kommt also höchstens für den Abstieg in Frage. Am schönsten ist die Überschreitung von West nach Ost: Aufstieg über die „Direttissima" und den „Sentiero Cecilia", Abstieg über die Cresta Sinigaglia. Eintauchen in den Zackenwald tut man über die **Direttissima**, und die ist – glücklicherweise – überhaupt keine Gerade; sie schlängelt sich vielmehr um hundert Ecken, klettert da in eine Scharte, läuft dort um den nächsten Turm herum, steigt ab in einen Karwinkel, um gleich wieder die Richtung zu ändern. Bilderbuch Grigne – einfach faszinierend!

Der **Sentiero Cecilia** bildet dann die ebenbürtige Fortsetzung der Tour: das Ganze nochmals, nur jetzt eine Etage höher. Und am Gipfel der Grignetta gibt es dann mit etwas (Wetter)Glück ein großes Panorama, jenem vom Grignone zumindest ebenbürtig.

Der Abstieg über die Cresta Sinigaglia bietet ebenfalls bemerkenswerte Eindrücke, dazu ein paar hübsche Kraxelstellen, ehe die Runde auf den Piani Resinelli ausläuft. Spätestens drunten fragt man sich verwundert, wie es eigentlich kommt, dass man

Wer eine Übernachtung einplant, kann auch den höchsten Gipfel der Grigne, den Grignone (→ **Tour 27**) in eine große Runde einbeziehen. Statt über die Cresta Sinigaglia abzusteigen, setzt man die Tour auf der „Traversata Alta" fort, 3 bis 4 Std.; zum **Rifugio Brioschi** (2403 m) knapp unter dem Gipfel. Anderntags über die „Via ferrata CAI Mandello" hinunter zum Rifugio Bietti (1715 m) und durch die Val Meria hinaus nach Mandello del Lario.

auf den Höhen rund um den Comer See so wenige Bergsteiger aus deutschen Landen antrifft – sind sie denn alle am Gardasee?

Der Wegverlauf

Die Tour beginnt ganz profan mit dem Straßenhatscher zum **Rifugio Porta** (1426 m; 0,5 Std.). Oberhalb der Hütte tritt man aus dem Wald, und es öffnet sich der Blick auf die kahle Südflanke der Grignetta mit ihren tiefen Gräben. Ein Wegschild gibt gleich auch die Richtung an: „Direttissima". Sie führt zunächst nach links, schneidet dabei ansteigend den „Wachtelhang" (Le Quaglie) und gewährt dabei hübsche Aussicht auf den Comer See und die Felszacken rund um das Val Scepina.

Über ein paar Kehren leitet der Steig dann in den Canalone del Caminetto, der Gang durch den „versteinerten Wald" kann beginnen. Furios der Auftakt, aus dem Grund der Rinne mit Hilfe zweier Leitern und Ketten fast senkrecht hinauf in eine gerade halbmeterbreite Scharte. Dahinter geht es gleich wieder abwärts; damit sich hier keiner verläuft, hat jemand einen möglichen Verhauer mit einer Fahrverbotstafel markiert!

Der Steig passiert eine nächste Scharte und führt dann, an einigen Stellen mit Ketten gesichert, in einen von Türmen umstellten Karwinkel (2 Std.). Hier verlässt man die zum Rifugio Rosalba (1720 m) weiterführende **Direttissima** und kraxelt, von den Markierungen geleitet, mit gelegentlicher Kettenhilfe durch eine breite

Andiamo! Steiler Auftakt zur „Direttissima".

28

Blockrinne aufwärts. Unweit vom **Colle Valsecchi** (1920 m) stößt man auf den **Sentiero Cecilia**, der, als Gegenstück zur „Direttissima", die Südwestflanke der Grignetta quasi ein Stockwerk höher quert. Die Persepktive ist nun eine andere, die Sicht freier, und manchem Turm, den man eben noch von unten bestaunt hat, guckt man nun aufs Haupt. Über gestuften Fels gewinnt die Route ein felsiges Eck; dahinter geht's durch einen Kamin (Ketten) hinab in einen Karwinkel, anschließend gleich wieder im Zickzack aufwärts zu einem Gratrücken. Über ihn links zum Normalanstieg, dann links an der **Cresta Cermenati** durch eine seichte Geröllrinne und zuletzt über eine kleine Felsstufe problemlos zum Gipfel (3,5 Std.).

Der leichteste Abstieg folgt dem Cermenati-Grat: eine raue Wegspur, viel Geröll und zwei, drei Felsstufen. Weit mehr Abwechslung bietet die südostseitige **Cresta Sinigaglia**; auch hier wieder bizarre Turmbauten, eine markierte Spur, die sich listig durch das felsige Gelände schlängelt, fallweise mit Kettensicherung. Sicherungen auch ganz zu Beginn, am Zehn-Meter-Einschnitt zwischen dem Gipfel der Grignetta und dem Nordostgrat. Mit dem „Saltino del Gatto" enden dann die Schwierigkeiten. Das Steiglein läuft im Zickzack am Gratrücken entlang hinunter zum Piano delle Groppe. Man passiert den Canalone Porta an seiner Mündung und wandert auf fast eben verlaufendem Weg zurück zum **Rifugio Porta** (1425 m; 5,25 Std.), wo sich die Runde schließt.

Dolomittürme über dem Comer See: auf dem Weg zur Grignetta.

Bergabsteigen: Monte Coltignone (1473 m)

29

Über den Dächern von Lecco: Piani Resinelli – Monte Coltignone – San Martino – Forcellino – Piani Resinelli   Karte: I/J 5

Tourencharakter: Recht anspruchsvolle Runde in der Südflanke des Monte Coltignone. Mehrere gesicherte Passagen, sehr steiler Gegenanstieg durch die Val Verde; Bergerfahrung unerlässlich.

Beste Jahreszeit: Frühling und Herbst bis zum Wintereinbruch.

Ausgangs- und Endpunkt: Piani Resinelli (1280 m), Sport- und Erholungsgebiet in der Senke zwischen Monte Coltignone und Grignetta. Parkmöglichkeit beim Rifugio SEL (1278 m), am südlichen Wendepunkt der Einbahnstraßenschleife.

Wanderkarte: Kompass 1:50 000, Blatt 91: Lago di Como – Lago di Lugano.

Markierung: Bestens bezeichnete Wege, an den Verzweigungen Hinweistafeln.

Verkehrsanbindung: Von Ballabio (660 m) an der Strecke Lecco – Valsássina führt eine gute Serpentinenstraße zu den Piani Resinelli, 8 km. Großer Parkplatz, Busverbindung mit Lecco.

Einkehr: Rifugio Riccardo Piazzo (772 m) beim Kirchlein San Martino, nur an Wochenenden bewirtschaftet!

Unterkunft: Rifugio Porta (1425 m), knapp eine Stunde von der Straße, ganzjährig bewirtschaftet; Tel. 0341/59 01 05.

Tourist-Info: APT del Lecchese, Via N. Sauro 6, I-23900 Lecco; Tel. 0341/36 23 60, Fax 28 62 31.

 anspr.

 10 km

 5 Std.

 ↑ 950 m ↓ 950 m

nein

Ergeschichtlich sind die Grigne das Ergebnis einer doppelten Überschiebung: dreimal – am Grignone (2409 m), an der Grignetta (2177 m) und am **Coltignone** (1473 m) – gibt es (fast) die gleichen Sedimentschichten, Kalke der mittleren Triaszeit, über 200 Millionen Jahre alt, nach Süden hin ansteigend. Daraus resultiert das mit einem Schiffsbug vergleichbare Profil des Monte Coltignone. Und es verrät auch einiges über die Wege an diesem Bergstock, der den Spiegel des Comer Sees um immerhin 1300 Meter überragt: sie sind sehr steil, im Sommer natürlich entsprechend heiß. Eine Ausnahme macht nur der bequeme, schattige Zugang von den Piani Resinelli, also über den breiten Nordrücken. Erst oben am Gipfelkamm tritt man aus dem Wald, ist man unvermittelt von Steilabbrüchen umgeben, geht der Blick gleichermaßen in die Ferne und hinab in schwindelnde Tiefen.

Gesicherte Passage am „Sentiero G.E.R."

29

Also warum nicht für einmal oben starten? Abstieg vor dem Aufstieg, der Gipfel schon nach kurzem Anlauf, die Hütte am tiefsten Punkt, der „heiße" Gegenanstieg durch die Val Verde als Finale? Die Runde bietet jede Menge Überraschungen, ständig wechselnde Szenerien, und am Wegrand die Südalpenflora , zusammen mit so manchem mediterranen Gewächs. Den Wendepunkt der Tour markiert das Kirchlein **San Martino** (772 m), im 14. Jahrhundert von Benediktinern des Klosters Santa Maria Maddalena in Lecco begründet.

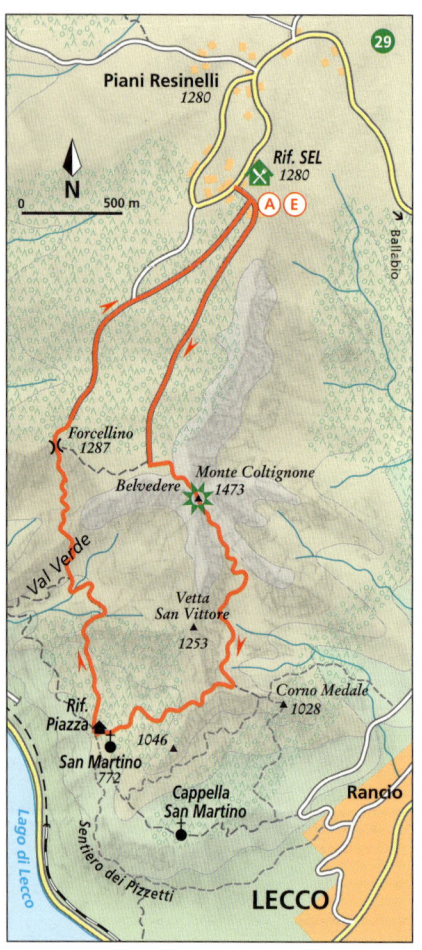

Der Wegverlauf

Die Runde beginnt mit dem Gipfelspaziergang: vom Parkplatz beim **Rifugio SEL** (1278 m), dem Hinweis „Parco Valentino" folgend, auf einem breiten Fahrweg sanft im Wald bergan, zunächst noch ohne Ausblicke. Das ändert sich am **Belvedere** (1427 m) schlagartig; man steht am Rand des Bergrückens und hat erstmals freie Sicht hinab zum Seearm von Lecco und hinüber zum felsigen Profil der Corni di Canzo (1371 m).

Nun am Steilabbruch entlang zum kahlen Gipfel des **Monte Coltignone** (1473 m; 0,75 Std.) und zu einer kontrastreichen Umschau: im Osten der Monte Due Mani (1667 m), weiter rechts der Resegone (1875 m), eine mehrgipflige steinerne Front, in der Tiefe Lecco, die Stadt zwischen Seen und Bergen. Und in die Tiefe führt auch der **Sentiero G.E.R.** Die ungefähre Richtung gibt das Kreuz am Corno Medale (1028 m) an: erst im Zickzack über Wiesen bergab

29

Aussichtskanzel Coltignone: Tiefblick auf den Comer See.

zu einer felsigen Rippe, dann rechts über einen steilen Hang, mit Kettenhilfe um ein Eck herum und unterhalb eines mächtigen Klemmblocks in eine steile Geröllrinne. In ihr steigt man weiter ab, möglichst ohne Steine loszutreten.

Schließlich leitet die Wegspur aus dem Canalone rechts auf ein schmales, exponiertes Band (Drahtseil). In einer winzigen Scharte (1020 m) gabelt sich der Steig; man nimmt das rechts abgehende Weglein, das, in etwa die Höhe haltend, von einer Geländerippe zur nächsten „springt", die Wiesenmulden dazwischen jeweils ausgehend. So gelangt man auf die Westseite des Bergstocks; der Resegone verschwindet aus dem Blickfeld, dafür erscheint nun wieder der Leccheser Arm des Comer Sees. Ihn hat man auch beim Abstieg nach **San Martino** (772 m) im Blickfeld.

Neben dem Kirchlein zeigt ein großes Schild zum **Sentiero della Val Verde**. Das „grüne Tal" erweist sich allerdings recht bald als wilder Graben, mehr grau als grün. Das Weglein passt sich der Kulisse an, quert in kräfteraubendem Auf und Ab zunächst drei tiefe Rinnen, ehe es sich endgültig fürs „Hinauf!" entscheidet. Das gerät dann gleich zur Direttissima, rund 500 Meter Steilan-

29

stieg, bei schlechter Kondition oder sommerlicher Nachmittagshitze ein übler Schinder. Da helfen sehnsüchtige Blicke hinunter aufs (kühlende) Wasser des Lario ebenso wenig wie der skeptische Blick nach oben, in die senkrechten Felsen über der Val Verde.

Tipp

Zum Kirchlein **San Martino** (772 m) kommt man auch von Lecco aus. Ein günstiger Ausgangspunkt ist dabei der Vorort Rancio (371 m): Querung zum „Sentiero dei Pizzetti", Aufstieg über den gesicherten Steig zum Kirchlein, Abstieg dann über die Kapelle von San Martino (742 m); insgesamt etwa 3 Std.

Auf dem „Pförtchen" (Portanino, 838 m), mündet der „Sentiero dei Teccett", und auf dem letzten Drittel – endlich! – nimmt die Steilheit ab, geht sie in vergleichsweise gemütliches Zickzack über. Am **Forcellino** (Bocchetta della Val Verde, 1287 m) stößt der Weg auf eine Waldstraße. Auf ihr wandert man zurück zu den **Piani Resinelli**, zuletzt mit schönem Blick auf den „oberen Stock" der Grigne, das wilde, zerklüftete Türmereich der Grignetta (2177 m, → **Tour 28**).

Abendstimmung an der Grignetta.

Am Alpenrand: der Resegone (1875 m)

30

Auf stillen Pfaden zum Hausberg von Lecco: Erve – Rifugio Alpinisti Monzesi – „Sentiero delle Creste" – Resegone – Erve   Karte: J 6

Tourencharakter: Recht lange und ziemlich anspruchsvolle Runde, rauer Abstieg durch einen steinigen Canalone. Großes Panorama vom Gipfel. Ausdauer und ein sicherer Tritt sind unerlässlich.
Beste Jahreszeit: Mai bis zum ersten Schnee im Spätherbst.
Ausgangspunkt: Erve (559 m) in der Valle della Galavesa.
Wanderkarte: Kompass 1:50 000, Blatt 105: Lecco – Valle Brembana.
Markierung: Gut bezeichnete Wege.
Verkehrsanbindung: Nach Erve führt eine ordentliche Straße, die in Calolziocorte, 7 km südlich von Lecco, abzweigt; bis zu dem Flecken weitere

6 km. Beschränkte Parkmöglichkeit im Ortsbereich; Busverbindung.
Einkehr: Ristoro Ghislandi (1284 m) am Passo del Fò, bewirtschaftet nur an Wochenenden.
Unterkunft: Rifugio Alpinisti Monzesi (1173 m), bewirtschaftet durchgehend vom 20. Juni bis 10. September, sonst an Wochenenden und Feiertagen; Tel. 0341/50 50 14. Rifugio Azzoni (1860 m), bewirtschaftet durchgehend Juli und August, sonst Mittwoch, Samstag, Sonntag und Feiertage; Tel. 0341/53 01 88.
Tourist-Info: APT del Lecchese, Via N. Sauro 6, I-23900 Lecco; Tel. 0341/36 23 60, Fax 28 62 31

 anspr.

 17 km

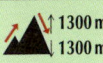 7³/₄ Std.

 ↑ 1300 m ↓ 1300 m

nein

Der **Resegone** hat ein Dutzend Gipfel und fast so viele Gipfelwege, ein attraktive Front, aufgebaut aus Hauptdolomit, und eine „zahme", größtenteils bewaldete Rückseite. Entsprechend unterschiedlich sind die Anstiegswege, vom Wanderpfad bis zur extremen Ferrata, die zahlreichen Kletterführer nicht gerechnet – ein Berg für „alle Fälle". Kein stilles Revier, da ist Lecco zu nahe,

doch die einzige „Aufstiegshilfe", die Seilbahn zum Pizzo d'Erna (1362 m), hat ihren Endpunkt immerhin in respektvollem Abstand zum Gipfel. Das verhindert allzu großen Andrang am höchsten Punkt (Monte Serrada, 1875 m), im kleinen Rifugio Azzoni und rund ums riesige Gipfelkreuz.

An Wochenenden, bei sicherem Wetter, ist man am Resegone allerdings selten allein, unterwegs nicht und erst recht nicht oben; am ruhigsten bleibt es in den Ausläufern des Bergstocks, auf den Wegen von der Forcella d'Olino

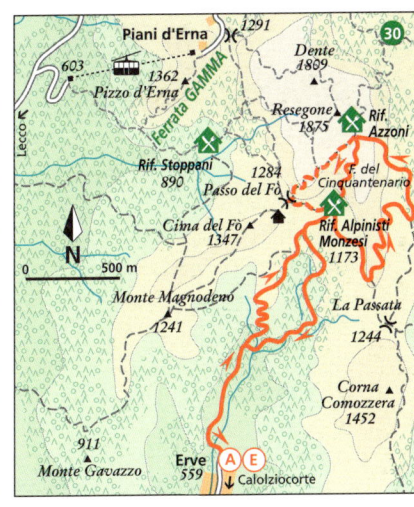

30

(1169 m) und am Südgrat. Letzterer ist fast so etwas wie ein Geheimtipp, weit weg von den Seilbahnzustiegen, landschaftlich sehr reizvoll, aber halt recht lang. Er lässt sich im Abstieg gut mit einem der Klettersteige des Massivs kombinieren (siehe Wegverlauf/Variante).

Der Wegverlauf

In **Erve** (559 m) durch den langgestreckten Ort, hinter dem Dorf über eine solide Brücke und auf einem Fahrweg durch die Valle della Galavesa taleinwärts zu den Hütten von **Cà del Pra** (710 m). Hier Weggabelung; man hält sich links und folgt dem Weglein, das über einen steilen, felsdurchsetzten Hang zur Costa Giumenta (1034 m) ansteigt. Weiter mit freier Sicht auf den Resegone knapp unter dem Grat flach zum **Rifugio Alpinisti Monzesi**

Am Weg zum Rifugio Alpinisti Monzesi.

(1173 m; 2 Std.). Von der Hüttenterrasse (kein Wegzeiger!) kurz abwärts, dann auf gutem Weg in leichtem Anstieg quer durch steile, teilweise bewaldete Hänge Richtung La Passata (1224 m). Ein gutes Stück vor der Senke, bei der verfallenen **Baita Rolla** (1225 m), zweigt links spitzwinklig ein Steiglein ab, das erst durch Wald, dann über steile Wiesenhänge hinaufzieht zu einer markanten Scharte (ca. 1590 m; 3,5 Std.) im langgestreckten Südgrat des Resegone. Nun auf dem rot-weiß-rot markierten **Sentiero delle Creste**, der dem Kamm gelegentlich auf die Ostseite ausweicht, über mehrere Kuppen zum **Rifugio Azzoni** (1860 m) und zum höchsten Punkt des Resegone, dem **Monte Serrada** (1875 m; 4,75 Std.).

Der Abstieg führt von der Hütte hinunter in den steinig-steilen Canalone des Val Negra, der zum Rifugio Alpinisti Monzesi hin ausläuft. Kein reines Vergnügen, für die Kniegelenke eine ziemliche Tortur, und im untersten, verwachsenen Teil der Rinne muss man zudem gut auf die Markierungen achten, um nicht im Unterholz zu landen. Eine interessante Alternative bildet die **Ferrata del Cinquantenario** (siehe Wegverlauf/Variante).

Von der Hütte wandert man auf dem guten Talweg, vorbei an der

30

Die Umgebung der „Eisenstadt" Lecco ist ein kleines Klettersteig-Dorado mit über einem Dutzend gesicherten Routen aller Schwierigkeitsgrade. Eine der beliebtesten Ferrate führt auf den **Pizzo d'Erna** (1362 m); insgesamt 22 Leitern, Ketten, Haken und Drahtseile sichern die 1979 eingeweihte **Via ferrata GAMMA**. Ausgangspunkt der Tour ist die Talstation der Seilschwebebahn zum Pizzo d'Erna; nach etwa 2 1/2 Std. steht man oben beim großen Gipfelkreuz und genießt die herrliche, kontrastreiche Rundschau. Abstieg zu Fuß oder gleich mit der Funivia.

originellen Felsquelle „Fontana di San Carlo", hinab nach Cà del Pra (710 m). Zuletzt auf dem Fahrweg zurück nach Erve (7,5 Std.).

Abstiegsvariante: Im Jahr 1963 angelegt und damit einer der ältesten Klettersteige der Region, vermittelt die „Ferrata del Cinquantenario" eine direkte Verbindung zwischen dem Passo del Fò (1284 m) und dem Pian della Serrada; der mit Leitern, Haken und Ketten gangbar gemachte Anstieg folgt einer tiefen, in den senkrechten Aufschwung der Bastionata gekerbten Rinne. Man genießt während der gut halbstündigen Kraxelei faszinierende Tiefblicke auf Lecco; fast zum Greifen nahes Gegenüber ist der Torre CAI, ein gut 100 Meter hoher, höchst eigenwillig gebauter Felszacken.

Im Abstieg folgt man vom Rifugio Azzoni zunächst dem westseitigen Resegone-Normalweg, der links über der Val Negra hinabzieht zum Pian della Serrada (ca. 1500 m). Hier heißt es aufpassen, dass man den Einstieg zum Klettersteig nicht übersieht. Nun den Sicherungen entlang steil und luftig hinab zum Passo del Fò (1284 m) und links weiter abwärts zum Rifugio Alpinisti Monzesi (1173 m).

Blick vom Resegone auf Lecco, die Corni di Canzo und den Monte Rosa.

SEHENSWÜRDIGKEITEN

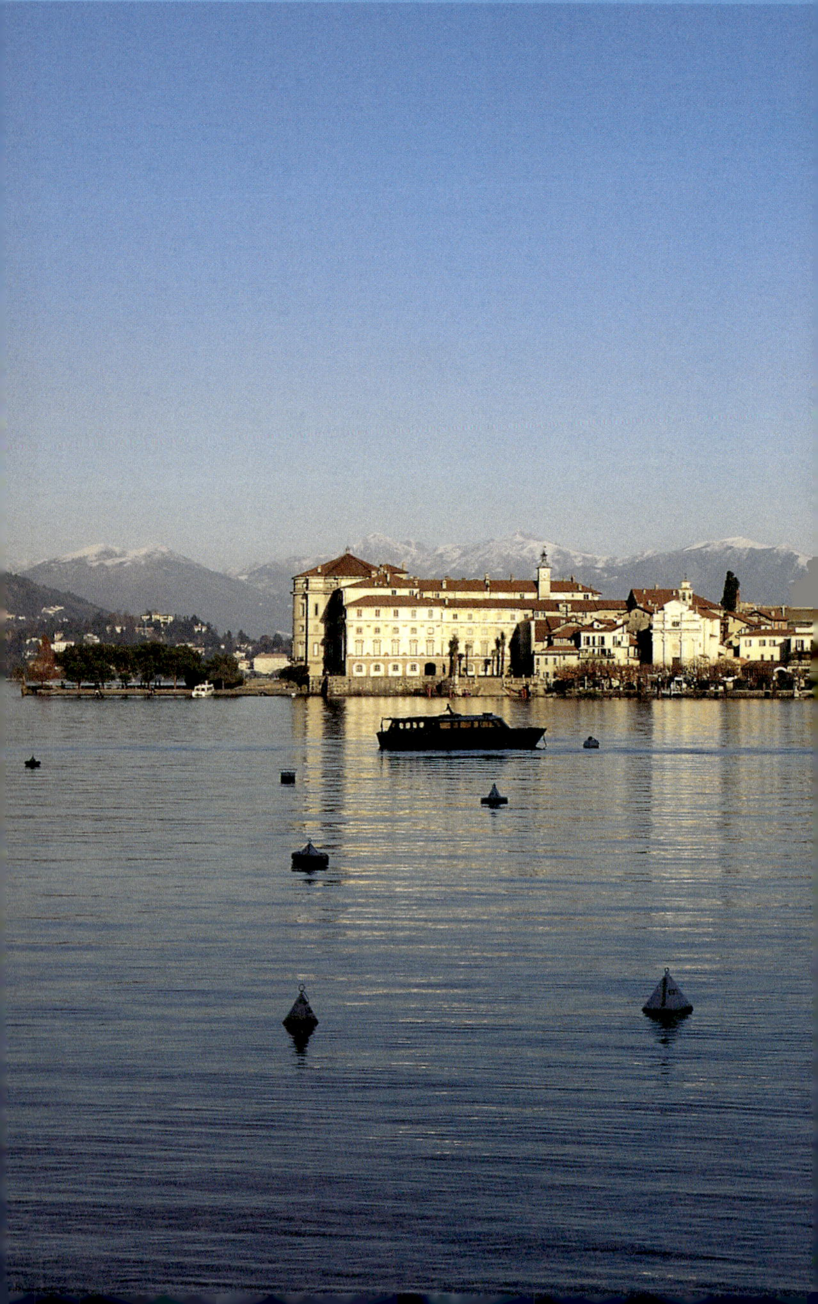

Vorherige Doppelseite: Märchenwelt am Lago Maggiore: die Isola Bella.

▶ **ABBADIA LARIANA**

| Seehöhe: 204 m | Karte: I 5 |
| Einwohner 2400 | |

Nachbarort von → **Mandello del Lario** auf dem Mündungsdelta der Rio Zerbo, 8 Kilometer von → **Lecco**. Nach Voranmeldung kann die alte **Seidenfabrik** – bis vor ein paar Jahren noch vom Verfall bedroht – besichtigt werden. Prunkstück des **Museo Setifico** ist eine mächtige wasserbetriebene Seidenspinnmaschine mit 432 Spulen. Anfragen Tel. 0341/73 12 41.

▶ **ANGERA, SCHLOSS**

| Seehöhe: 250 m | Karte: D 7 |

Der Schlosshof von Angera.

Lage: Bedeutendstes Schloss am Lago Maggiore ist Angera über dem Varesiner Ostufer. Von Sesto Calende 9 km, bis zur Ortschaft Angera (205 m), von → **Laveno** 22 km.

Geschichte: Zusammen mit → **Arona**, dessen Burg, „eine mächtige, uneinnehmbare Feste, umgeben von fünf Mauerringen", von Napoleon geschleift wurde, bildete Schloss Angera einst einen wichtigen Sperrriegel an der schmalsten Stelle des Lago Maggiore, Uferstraßen und den Seeweg beherrschend. Letzterer war früher ungleich wichtiger als heute; Waren wurden größtenteils übers Wasser transportiert. So „reiste" auch das Baumaterial für den Mailänder Dom, bei Candoglia in der Valle d'Ossola gebrochen, auf dem Toce, dem Lago Maggiore und dem Naviglio Grande in die lombardische Hauptstadt.

Besiedelt war die Umgebung des untersten Seebeckens lange vor Beginn unserer Zeitrechnung; so wurden beispielsweise in der Umgebung des Weilers Golasecca, nicht weit vom Ticino-Abfluss, Grabbeigaben aus dem 9. bis 6. vorchristlichen Jahrhundert entdeckt. Die Halbinsel von Angera lieferte ebenfalls reiches Material, die ältesten Funde werden ins mittlere Paläolithikum datiert. Nachgewiesen ist auch, dass die Römer auf der Rocca di

Angera saßen; im Torturm stecken die Fundamente einer antiken Feste. Ein paar Mauerteile dürften noch auf die Langobardenfestung (7. Jh.) zurückgehen. Schloss Angera, wie es sich heute präsentiert, ist im wesentlichen eine gotische Anlage der Visconti, die es in langen Kämpfen von den Torriani eroberten. Der Freskenzyklus in der Sala della Giustizia gibt diese Ereignisse wieder – natürlich aus der Sicht der Sieger. Und Ottone Visconti ging mit seinem Gegenspieler nicht gerade zimperlich um; nachdem er Napo Torriani bei Desio (1277) besiegt und gefangengesetzt hatte, ließ er ihn kurzerhand in einem Käfig an den Bergfried von Castel Baradello (→ **Como**) hängen, wo er nach anderthalb Jahren schließlich verhungerte.

Besichtigung: Der schönste Blick auf das Schloss bietet sich von der Seepromenade in Angera aus; deshalb sollte man auch zur Feste hinaufspazieren. Spätestens am Fuß der gewaltigen Umfassungsmauer, wenn man den mit dem Wappen der Borromeo geschmückten Torturm passiert, wird man ungefähr erahnen, was Macht einst bedeutete – und Ohnmacht auch...

Hinter dem Vorhof, der einen bezaubernden Blick auf das unterste Seebecken und den Flecken Angera gewährt, liegt der große **Cortile Nobile**, der Burghof. Rechts, unter der hohen Umfassungsmauer, befindet sich der Weinkeller mit einer mächtigen Weinpresse von 1745, die Westecke der Anlage nimmt der Castellana-Turm ein. Im Scaliger-Flügel werden wechselnde Kunstausstellungen gezeigt; gegenüber, unter den Arkaden des Visconti-Flügels, sind mehrere Votivaltäre und die Bruchstücke eines Sarkophags aus der Römerzeit aufgestellt. Die Innenräume der Burg können zum Teil besichtigt werden; nicht nur kleine Mädchen dürften sich dabei für das hier untergebrachte **Puppenmuseum** (Museo della Bambola) interessieren.

In der Sala della Giustizia begegnet der Besucher jenem unglücklichen Torriani, der in Como ein so übles Ende fand. Die gotischen Fresken schildern – nach einem Epos, das Sefanardo da Vimerate Ende des 13. Jahrhunderts verfasste – die Kämpfe des Ottone Visconti mit seinem hartnäckigen Widersacher. Die Wandgemälde der Sala delle Ceremonie hingen ursprünglich im Mailänder Palast der Borromäer; sie wurden im Zweiten Weltkrieg beschädigt und nach Angera verbracht. Entstanden sind sie Anfang des 15. Jahrhunderts.

Keinesfalls versäumen darf man die Besteigung des **Torre Castellana**. Der aus romanischer Zeit stammende mächtige Turm hat an der Basis eine Seitenlänge von fast 11 Metern. Über Treppen und Stiegen geht es von Stockwerk zu Stockwerk, bis man schließlich auf dem Rundgewölbe des obersten Raumes steht, fast 30 Meter über dem Burghof. Der Blick rundum hat echte Panoramaqualität, reicht bei klarer Sicht bis zum weißen Dom des Monte Rosa. Gegenüber, am rechten Seeufer, liegt Arona. Sehr schön das untere Seebecken; genau nördlich zeigt sich als abgeflachte Pyramide der Monte Zeda (2156 m), im Nordosten der langgestreckte Rücken des Monte Campo dei Fiori (1227 m).

Schloss Angera kann von März bis Oktober von 9.30–12.30, 16–18 Uhr (Juli/August 9.30–12.30, 15–19 Uhr) besichtigt werden. Zufahrt von Angera, Parkplatz unterhalb der Burg.

Informationen: Ufficio Turistico, Piazza Garibaldi 19, I-21021 Angera; Tel. 0331/96 02 07.

▶ ARCUMEGGIA

Seehöhe: 570 m	Karte: E 5
Einwohner: ein paar	Wanderung 9

Das Bergnest unter dem Col Nudo hat eindeutig mehr Bilder als Bewohner: es ist ein Freilichtmuseum, ein buntes dazu, seit bald einem halben Jahrhundert und immer noch wachsend. An den Fassaden der (teilweise längst nicht mehr bewohnten) Häuser versuchten sich zeitgenössische italienische Künstler wie Remo Brindisi, Achille Funi, Giuseppe Migneco, Cristoforo de Amicis

Ein Dorf als Gesamtkunstwerk: Arcumeggia.

und andere als Freskomaler. Eine uralte Technik sollte so wieder-belebt werden. Und das Ergebnis kann sich durchaus sehen las-sen; fast 200 Bilder sind im Laufe der Zeit entstanden, und inzwi-schen hat es den Anschein, als ob auch wieder mehr Leben in das abgelegene Dörfchen zurückkehren würde: Kunst für die Menschen.

▶ ARONA

Seehöhe: 212 m   *Karte: C 7*
Einwohner: 17 000

Ganz in der Nähe des übergroßen „San Carlone" liegt mitten im Wald die **Trattoria Campagna**. Im Sommer kann man auch draußen essen, im kleinen Garten; da schmecken die Tagliolini mit Ka-ninchenragout, der Risotto oder das Kaninchen in Grappa beson-ders gut. Und dazu ein Glas Bar-bera. Tel. 0322/57 294, Mo ge-schlossen.

Weit über den Lago Maggiore hinaus schaut das Wahrzeichen von Arona, die berühmte Statue des **Carlo Borromeo**. Genau 23,40 Meter hoch, wurde sie bald nach der Heiligsprechung des Kardinals (1610) entworfen, aber erst 1697 von Bernardo Falconi und Siro Zanelli geschaffen. Sie steht auf einer Anhöhe (Zufahrt) über der Stadt; innen führt eine Wendeltreppe bis in den Kopf; durch die Augen von „San Carlone" geht der Blick bis ins Varesotto.

Wacht über Arona: Carlo Borromeo.

In die Geschichte eingegangen ist Carlo Borromeo (1538–1584), in Arona geboren und 1560 zum Erzbischof von Mailand ernannt, vor allem durch seine un-versöhnliche Haltung beim Konzil von Trient, wo-durch die Glaubensspaltung zementiert wurde.

Die Gegend um Arona war bereits in der Jungsteinzeit besiedelt, wie reiches Fundmaterial der Golasecca-Kultur aus dem 12. Jh. v. Chr. belegt. Der Felsen über dem Ort (La Rocca) dürfte bereits im 10. Jahrhundert befestigt gewesen sein; doch sind von der imposanten Anlage nur mehr kümmerliche Reste erhalten.

Ausflug: Südlich von Arona liegt der **Par-co dei Lagoni di Mercurago**, ein vom eis-zeitlichen Tocegletscher geformtes Hü-gelgelände mit interessanten Feuchtbio-topen und einigen kleinen Seen. Der rund 15 Kilometer lange Rundweg führt durch Eichen-, Kiefer- und Kastanienwälder, er tangiert eine archäologische Zone; auf den höhergelegenen Wiesen des Parks weiden Vollblutpferde (Zucht).

Informationen: Ufficio Turistico, Piazzale Duca d'Aosta; I-28041 Arona; Tel./Fax 0322/24 36 01.

▶ ASCONA

Seehöhe: 199 m	*Karte: E 2*
Einwohner: 5000	*Wanderung 2*

Nachbarort von → **Locarno**, aber kleiner, feiner; ein gediegener Ferienort mit prächtiger Uferpromenade und einem malerisch-verwinkelten Borgo. Berühmt wurde Ascona um die Jahrhundertwende, als sich auf dem nahen → **Monte Verità** Weltverbesserer und Schöngeister, Adelige und Anarchisten ein Stelldichein gaben. Längst sind die Südhänge des Hügels verbaut, ist der Flecken ins Maggiadelta hinaus gewachsen. Trotzdem hat sich das an einer Seebucht gelegene Städtchen seine unverwechselbare, von Kunstsinn, Weltoffenheit und Italianità geprägte Atmosphäre bewahrt.

Tipp
Osteria dell'Enoteca, Contrada Maggiore 24, CH-6616 Losone; Tel. 091/791 78 17. Geschlossen: Mo, Di, Januar bis März. Unbedingt Plätze reservieren! Eine erstklassige Adresse für Gourmets mit nicht allzu dünner Brieftasche; drei Zürcher kochen in dem Nachbarort von Ascona (3 km) auf – delizioso!

Die genießt man am besten bei einem Caffè auf der baumbestandenen Seepromenade. Anschließend ist dann ein kleiner Bummel durch den historischen Ortskern (Borgo) fällig, wo zahlreiche Galerien Antikes, Kitschiges und überwiegend Teures anpreisen. Als bedeutendstes Bauwerk gilt die **Casa Serodine** mit reich geschmückter Fassade (um 1620); gleich daneben steht die Pfarrkirche Santi Pietro e Paolo, eine dreisäulige Pfeilerbasilika aus dem zweiten Viertel des 16. Jahrhunderts. Im Innern drei große Tafelbilder des aus Ascona stammenden Giovanni Serodine (17. Jh.). Am Nordrand des Borgo liegt das 1584 gegründete **Collegio Papio** mit einem stimmungsvollen Renaissancehof. **Weiter besuchenswert:** Museum für moderne Kunst, Via Borgo 34, Öffnungszeiten: März bis Dezember Di–So 10–12, 15–18 Uhr.

Informationen: Ente Turistico Ascona e Losone, Casa Serodine; CH-6612 Ascona; Tel. 091/791 00 90, Fax 791 10 08. Internet: www.ascona.ch.

BAVENO

Seehöhe: 205 m	Karte: C 5
Einwohner: 4500	

Traditioneller, allerdings ziemlich in die Jahre gekommener Kur- und Ferienort, 5 km nördlich von → **Stresa** am Westufer des Lago Maggiore. Sehenswert die romanische **Pfarrkirche** (11. Jh.); das Baptisterium daneben soll im Kern auf das 6. Jahrhundert zurückgehen. Über dem Ort, an den Abhängen des Monte Camoscio (890 m), wird bis heute Granit gebrochen; das begehrte rosafarbene Gestein fand u. a. bei Kirchenbauten in Novara, Mailand und Rom Verwendung.

Informationen: Ufficio Turistico, Piazza Dante Alighieri 14, I-28831 Baveno; Tel./Fax 0323/92 46 32.

 BELLAGIO

Seehöhe: 216 m	Karte: I 4
Einwohner: 4000	

Bellagio. In dem Namen klingt er bereits an, der „schöne See", und wer die einmalige Lage des Fleckens wirklich erleben will, muss aufs Wasser. Während der Fahrt von Cadenabbia oder → **Varenna** herüber hat man die schmale Landzunge mit dem malerischen Borgo, den Villen und Gärten ständig im Blick: zauberhafter Lario. Da kann man durchaus verstehen, dass Flaubert von dem Bild so hingerissen war, dass er sich von der Seele schrieb: „On voudrait vivre ici ou mourir".

Ganz so verklärt werden die meisten Besucher das Bellagio von heute nicht erleben; rund um den winzigen Ortskern herrscht mitunter ein ziemliches Gewusel. Romantische Seelen dürfen aber keinesfalls einen Besuch der herrlichen Gärten – neben dem Landschaftsrahmen die eigentlichen Sehenswürdigkeiten Bellagios – versäumen: flanieren zwischen gestalteter Natur, im Schatten mächtiger Bäume, und beim Blick auf den See die Zeit vergessen ...

Auf einer Anhöhe über dem alten Borgo liegt die **Villa Serbelloni**, ein klassizistischer Bau des ausgehenden 19. Jahrhunderts, mit riesigem Garten; heute Besitz der Rockefeller Foundation (Öffnungszeiten: April bis Oktober Di–So 11–16 Uhr). An der Straße nach Como befindet sich der Eingang zum zweiten großen Park von Bellagio, jenem der **Villa Melzi** (Öffnungszeiten: Ende März-

bis Oktober täglich 9- 18.30 Uhr). Und noch ein Tipp für Romantiker: die **Grotta Azzurra dei Bulberi**, eine Höhle am Seeufer, knapp 5 Kilometer von Ballagio (Boote).

Informationen: Ufficio Turistico, Piazza della Chiesa 14, I-22021 Bellagio; Tel./Fax 031/95 02 04.

▶ BELLANO

Seehöhe: 202 m	*Karte: I4*
Einwohner: 4500	

Städtchen am Ostufer des Comer Sees mit einiger Industrie, aber auch einem sehenswerten alten Ortskern. Die gotische **Pfarrkirche** fällt durch ihren originellen Fassadenschmuck auf: schwarzweiße Querstreifen und eine große Fensterrose. In die Mündungsklamm des Rio Pioverna – den **Orrido** – führt ein gesicherter Steig.

Information: Comune di Bellano, Via V. Veneto 23, 23822 Bellano; Tel. 0341/82 11 24, Fax 82 08 50.

▶ BISUSCHIO

Seehöhe: 345 m	*Karte: F 5*
Einwohner: 1200	

Am Weg von Varese nach Porto Ceresio bzw. zum Luganer See gelegen, verdient vor allem die **Villa Cicogna Mozzoni** in Bisuschio einen Besuch: dreiflügliger Prachtbau des 16. Jahrhunderts mit Arkadenhof und schönem Terrassengarten (Öffnungszeiten: April bis Oktober 9–12, 14.30–19 Uhr).

▶ BOLLE DI MAGADINO

Seehöhe: 196 m *Karte: F 2*

Das Naturschutzgebiet im Mündungsbereich des kanalisierten Ticino mit seinen Altwassern, Teichen, Schilfgürteln und Auwäldern ist der kleine Rest der bis 1885 weitgehend versumpften Magadinoebene. Das fürs Tessin einzigartige Biotop weist eine reiche Flora auf; es dient zahlreichen Vogelarten als Lebensraum. Jeweils im Frühling und im Herbst sammeln sich hier auch viele Zugvögel. Zugang nur über zwei markierte und ausgeschilderte Lehrpfade gestattet; Ausgangspunkte bei Magadino und an der Verzasca.

▶ BORROMÄISCHE INSELN

Seehöhe: 225 m *Karte: C 5*

Mag → **Stresas** Stern auch ziemlich verblasst sein, die Isole Borromee draußen im Lago Maggiore haben nichts von ihrer Anziehungskraft verloren. Die **Isola Bella** galt bereits vor über zweihundert Jahren als Weltwunder, und auch wer heute die Insel besucht, wird noch etwas von jenem „unvergleichlichen Zauber" spüren, der Alexandre Dumas – aber natürlich nicht nur ihn – einst in seinen Bann zog. Die Idee, dem felsigen Eiland die Form eines Schiffes zu geben, hätte Disney zur Ehre gereicht; sie stammt aber wohl von Antonio Crivelli aus Ponte Tresa, der um 1620 mit der Umgestaltung des felsigen Eilands vor Stresa zum barocken „Gesamtkunstwerk" begann. Schlicht überwältigend der terrassenförmig angelegte Park mit seiner exotischen Vegetation. Die üppig ausgestalteten Räume des Palazzo Borromeo können ebenfalls besichtigt werden (Öffnungszeiten: April bis Oktober täglich 9–12, 13.30–17.30 Uhr).

Den malerischen Kontrast zur überquellenden Pracht der Isola Bella bietet die **Isola dei Pescatori**, doch das Gedränge in den engen Gässchen ist nun wirklich nicht jedermanns/fraus Sache, und in den zahlreichen Fischlokalen wird vor allem abkassiert. Da ist ein Spaziergang auf der **Isola Madre** die reinste Erholung. Vitaliano Borromeo ließ die größte der Borromäischen Inseln im 19. Jahrhundert zu einem Garten umgestalten; im Palazzo Borromeo wird eine **Keramik**- und **Puppensammlung** gezeigt.

Informationen: Ufficio Turistico „Città di Stresa", Via Canonica 8, I-28838 Stresa; Tel. 0323/3 01 50, Fax 0323/3 25 61.

▶ BRISSAGO

Seehöhe: 211 m	*Karte: D/E 3*
Einwohner: 2000	*Wanderung 2*

Tessiner Ferienort am Lago Maggiore, unweit der italienischen Grenze, vor allem wegen seiner Inseln viel besucht. Die **Isole di Brissago** waren möglicherweise bereits zur Römerzeit bewohnt, später sollen sie verfolgten Christen als Zuflucht gedient haben. Auf der größeren Insel befindet sich der Botanische Garten des Kantons Tessin mit Gewächsen aus allen fünf Kontinenten, im 19. Jahrhundert von einer russischen Baronin angelegt (Führungen April bis September). Berühmt: Brissago-Zigarren.

Tipp

Eine feine Adresse für Genießer ist die **Osteria al Giardinetto** in Brissago. Das Angebot richtet sich nach der Jahreszeit, die Speisekarte ist zwar eher klein, dafür lässt das Angebotene auch bei verwöhnten Gaumen kaum Wünsche offen. Muro dei Ottevi, CH-6614 Brissago; Tel. 091/793 31 21. Di und Mi Ruhetag, Anfang Januar bis Mitte März geschlossen; Reservation empfohlen.

Weiter sehenswert: Palazza Branca, der schönste Profanbau von Brissago (1740). Im Süden des Ortes, unweit der italienischen Grenze, steht die Kirche **Madonna del Ponte** aus dem 16. Jahrhundert. Baumeister war Giovanni Berretta, der sich bei der Gestaltung der Kuppel wohl von Bramantes Santa Maria delle Grazie in Mailand inspirieren ließ.

Informationen: Ente Turistico Brissago e Ronco, Via Leoncavallo, CH-6614 Brissago; Tel. 091/793 11 70, Fax 793 32 44.

▶ CAMPIONE D'ITALIA

Seehöhe: 280 m	*Karte: F 4*
Einwohner: 2000	

Italienische Enklave am Luganer See, bekannt vor allem für sein Spielcasino. Das rund einen Quadratkilometer große Territorium (keine Grenzformalitäten), 777 dem Kloster Sant'Ambrogio in Mailand geschenkt, verblieb ein Jahrtausend unter klösterlicher Herrschaft, ehe es 1797 der Cisalpinischen Republik einverleibt wurde und mit der Lombardei an Österreich kam. 1848 verlangte Campione vergeblich den Anschluss an die Schweiz.

Weit weniger bekannt als das Casino ist die Wallfahrtskirche **San-**

ta Maria dei Ghirli. 874 erstmals urkundlich erwähnt, wurde das Gotteshaus im 13./14. Jahrhundert neu erbaut, 1623–1636 barockisiert und 1740 um die triumphbogenartige Vorhalle erweitert. Die Kirche bewahrt hervorragende Fresken verschiedener Epochen (14.–17. Jh.).

Informationen: Azienda Turistica, Via Volta 3, I-22060 Campione d'Italia; Tel. 091/649 50 51, Fax 649 91 78.

 ## CÁNNERO RIVIERA

Seehöhe: 225 m	Karte: D 4
Einwohner: 1200	

Lage: Kleiner Flecken am Westufer des Lago Maggiore, auf dem Schwemmdelta des Rio di Cánnero gelegen; 7 km südlich von Cannobio.

Einst ein richtiges Räubernest: Castelli di Cánnero.

Sehenswert: Draußen im See ragen fotogene Trümmer aus dem Wasser: die Ruinen der **Castelli di Cánnero**. Im Spätmittelalter ein gefürchtetes Räubernest, ließ sie der Mailänder Herzog Filipo Maria Visconti 1414 schleifen; auf ihren Ruinen entstand um 1519 das Schloss La Vitaliana, das nach dem Tod seines Erbauers, Lodivico Borromeo, aber nach und nach verfiel.

CANNOBIO

Seehöhe: 214 m	Karte: D 3
Einwohner: 5000	

Das kleine Städtchen an der Mündung der Valle Cannobina, 5 km von der Schweizer Grenze, ist eine römische Gründung. Historischer Ortskern, malerische Arkaden zur Seepromenade hin und sehenswerte Wallfahrtskirche **Santa Pietà**. Sie wurde nach Plänen des bedeutenden lombardischen Renaissance-Baumeisters Pellegrino Tibaldi (1527–1596) errichtet. Jeweils am Sonntag ist Markt im Ort .

Ausflüge: Einen Besuch verdient der wildromantische Orrido von **Sant'Anna** an der Mündung der Valle Cannobina (Zufahrt, 2 km); einen umfassenden Blick über den Lago Maggiore genießt man vom Weiler **Sant'Agata** (464 m, 5 km, 1 Std. Fußweg). Eine hübsche Wanderung führt südwärts durch Kastanienwälder über

Cármine superiore (305 m), einen malerischen Weiler in schöner Aussichtslage mit romanisch-gotischer Kirche (um 1330), nach Cánnero Riviera (2,25 Std.).

Informationen: Ufficio Turistico, Viale Vittorio Veneto, I-28822 Cannobio; Tel./Fax 0323 7 12 12.

► CARONA

Seehöhe: 599 m	Karte: F 5
Einwohner: 600	Wanderung 12

Das malerische Tessiner Dorf, urkundlich als „calauna" 926 erstmals erwähnt und im Mittelalter eine autonome Republik, liegt in einer nach Osten offenen Hangmulde hoch über dem Luganer See. Den Ortseingang markiert die von einem stattlichen Barockturm flankierte Kirche **San Giorgio**. Sie bildet zusammen mit dem Pfarrhaus, der Loggia del Comune und dem arkadenförmigen Straßendurchlass eine malerische Baugruppe. Nicht zufällig weist das Gotteshaus eine besonders reiche Ausstattung auf, ist Carona doch Heimat mehrerer Künstlerfamilien, die zum Teil weit in Europa tätig waren.

Am anderen Ende des malerisch-verwinkelten Ortes erhebt sich auf einer kleinen Anhöhe die Kirche **Santa Marta**, im Kern spätmittelalterlich mit gotischen Fresken (1486). Ein echtes Juwel barocker Gestaltungsfreude ist die Wall-

Die Pfarrkiche von Carona.

fahrtskirche **Madonna d'Ongero** (17. Jh.), die etwa 20 Gehminuten südwestlich vom Dorf mitten im Wald liegt. Der gemütliche Kulturspaziergang lässt sich leicht bis zur Kirche **Santa Maria di Torella**, einem schlichten romanischen Bau (13. Jh.), ausdehnen. Das Gotteshaus, ursprünglich zu einem bereits 1389 wieder aufgelösten Augustinerchorherrenstift gehörend, steht auf einer Lichtung hoch über dem Westarm des Luganer Sees.

Einen Besuch verdient auch der Botanische Garten von **San Grato** (Zufahrt, Restaurant); und wer für einmal weit über den Horizont hinausgucken will, kann das im **Observatorium Calina** tun (Infos Tel. 091/649 83 47).

Informationen: Ente Turistico Ceresio, Via Pocobelli 14, CH-6815 Melide; Tel. 091/649 63 83, Fax 649 56 13.

 ## CASLANO

Seehöhe: 272 m	*Karte: F 4*
Einwohner: 3000	

Kleiner Ferienort am Westarm des Luganer Sees. Der alte Ortskern schmiegt sich an den Nordfuß des bewaldeten Monte Caslano (526 m). **Fischereimuseum** (Öffnungszeiten: April bis Oktober Di, Do, So 14–17 Uhr). Ein süßes Vergnügen für Jung und Alt vermittelt der Besuch im **Schokoladenmuseum Alprose** (Öffnungszeiten: Mo–Fr 9–18 Uhr, Sa, So 10–17 Uhr), und gleichermaßen „familientauglich" ist der Privatzoo „Al Maglio" im benachbarten Magliaso (Öffnungszeiten: täglich 9–19 Uhr).

Informationen: Ente Turistico Malcantone, Piazza Lago, CH-6987 Caslano; Tel. 091/606 29 86, Fax 606 52 00.

CASTEL SAN PIETRO

Seehöhe: 449 m	*Karte: G 6*
Einwohner: 1700	

Castel San Pietro besitzt zwei bemerkenswerte Sakralbauten: die Pfarrkirche **Sant'Eusebio** (1678), eine der glanzvollsten Barockschöpfungen des Tessins, und das Kirchlein **San Pietro**, 1345 geweiht und ursprünglich Kapelle einer im 16. Jh. aufgegebenen Burg. Ihr volkstümlicher Name „Chiesa Rossa" erinnert an ein Massaker in der Weihnachtsnacht 1390, blutiges Ende einer Fehde zweier Familien. Die Fresken im Innern stammen aus der 2. Hälfte des 14. Jh.

▶ CASTELSEPRIO

Seehöhe: 352 m	Karte: F 7
Einwohner: 1100 Einw.	

Lage: Castelseprio liegt etwa 15 Kilometer südlich von → **Varese** in der Valle d'Olona.

Auf die Spuren der keltischen Insubrer, der Römer und der Langobarden führt ein Besuch von Castelseprio. Im Dorf erinnert nichts an die lange, wechselvolle Geschichte; das Ausgrabungsgelände liegt nördlich außerhalb auf einer Anhöhe über der Valle d'Olona (Zufahrt). Castelseprio dürfte eine keltische Gründung sein; unter den Römern wurde es zur Bastion gegen die vordringenden Germanen ausgebaut. Die Langobarden machten „Sibrium" zum Hauptort einer Provinz; im Mittelalter wuchs Castelseprio zu einem ernsthaften Konkurrenten Mailands heran. In den Kämpfen zwischen den Torriani und Visconti wurde es schließlich zerstört (1287).

Um den Ort rankten sich später allerlei Sagen, und auch heute noch – als Ruinengelände – strahlt das alte Castelseprio eine eigenartige Faszination aus. Erhalten blieben Reste einer Burg, von Mauern, Türmen und mehreren Sakralbauten. Die ehemalige Basilika **San Giovanni Evangelista** dürfte im 5. oder 6. Jahrhundert erbaut, später erweitert worden sein; ihr Baptisterium hat zwei Taufbecken, ein Hinweis darauf, dass zu jener Zeit Christen der beiden Glaubensrichtungen (Arianer und Athanaser) getrennt getauft wurden. Die sechseckige Kirche San Paolo stammt wohl aus der Romanik (11. Jh.), das Franziskanerkloster aus dem 15. Jh.

Etwas abseits, mitten im Wald, liegt das Kirchlein **Santa Maria foris portas**, ein kleiner Bau aus Bruchsteinen (7. Jh.); kostbarster Schmuck ist ein Freskenzyklus, über dessen Entstehungszeit bis heute gerätselt wird (7.–10. Jh.?).

Informationen: APT del Varesotto, Viale Ippodromo 9, I-21100 Varese; Tel. 0332/28 46 24, Fax 23 80 93, Internet: www.hcs.it/varese.

▶ CASTIGLIONE OLONA

Seehöhe: 307 m	Karte: F 7
Einwohner: 7500	

Lage: Castiglione liegt rund 10 Kilometer südlich von → **Varese** im Olonatal.

Fast so etwas wie ein kleiner Wallfahrtsort für Kunstfreunde ist das spätmittelalterliche Castiglione im Tal der Olona. Der Flecken wurde unter dem kunstsinnigen und steinreichen Kardinal Branda Castiglione (1350–1443) zu einem „Mini-Florenz" im Varesotto; er holte sich dabei große Florentiner Künstler wie Masolino da Panicale, der auch in Rom tätig war. Heute vermittelt das Städtchen mit seinen zahlreichen Palazzi nur mehr einen schwachen Abglanz einstiger Pracht. Auffallende Ähnlichkeit mit Bauten von Brunelleschi in der Arnostadt weist die **Chiesa di Villa** (1441) auf, ein Zentralbau, dessen Portal zwei Kolossalfiguren flankieren. Lombardisch geprägt ist dagegen die **Collegiata** (1425), die reichen Freskenschmuck aufweist, wie auch das Baptisterium (Museo della Collegiata, Öffnungszeiten: Sommer täglich 10–12, 15–19 Uhr, Winter 10–12, 13.30–17.30 Uhr).

Informationen: APT del Varesotto, Viale Ippodromo 9, I-21100 Varese; Tel. 0332/28 46 24, Fax 28 80 93, Internet: www.hcs.it/varese.

▶ **CENTOVALLI**

Seehöhe: 250 – 800 m   Karte: D 2
Einwohner: 600

Augen- und Gaumenfreuden bietet das **Ristorante al Riposo Romantico** auf dem Monte di Comino (1138 m). Schöne, nur mäßig anstrengende Wanderung von der Bahnstation Verdasio (530 m) über das Bergnest Verdasio (711 m), das hoch über den Centovalli thront, hinauf zu den Maiensäßen am Monte di Comino. Tel. 091/798 11 30.

Ihren Namen – „Hundert Täler" – verdanken die Centovalli den zahllosen Gräben, die an ihren Steilflanken herabziehen. Besonders eindrucksvoll erlebt man das auf der Bahnfahrt von → **Locarno** nach Domodossola; die Strecke von Pedemonte durch die Centovalli bis in die italienische Valle Vigezzo ist fast eine einzige Abfolge von Brücken, Viadukten und Tunnels. Eröffnet wurde die Linie 1924; für die 55 Kilometer lange Strecke benötigt der Zug fast zwei Stunden – da ist viel Zeit zum Schauen. **Auskunft:** Direzione FART, Via Franzoni 1, CH-6600 Locarno; Tel. 091/751 00 31, Fax 751 52 62.

Sehenswert: Intragna (339 m) am Eingang in die Centovalli besitzt nicht nur den höchsten Kirchturm des Tessin (65 m), sondern auch ein besuchenswertes **Talmuseum** (Museo regionale delle

Centovalli e del Pedemonte, Öffnungszeiten: Ostern bis Ende Oktober täglich 14–18 Uhr). **Rasa** (898 m), das man von der Bahnstation Verdasio aus zu Fuß in 2 Std. oder bequem mit einer Seilbahn erreicht, beeindruckt durch seine Lage und ein intaktes Ortsbild. Seine Bewohner besaßen von 1631 bis 1847 ein Monopol als Lastenträger im Hafen von Livorno. In **Palagnedra** (657 m, Zufahrt 3 km) interessieren Kunstliebhaber vor allem die farbenprächtigen spätgotischen Fresken in der Pfarrkirche San Michele.

Informationen: Ente Turistico Locarno e Valli, Via Largo Zorzi 1, CH-6601 Locarno; Tel. 091/751 03 33, Fax 751 90 70, Internet: www.lagomaggiore.org.

▶ CERNOBBIO

Seehöhe: 201 m	Karte: G 6
Einwohner: 8000	

Renommierter Ferienort in unmittelbarer Nachbarschaft von Como. Hauptsehenswürdigkeit ist die **Villa d'Este**, ein prunkvolles Anwesen, 1565–1570 von Pellegrino Tibaldi erbaut, zu Beginn des 19. Jahrhunderts verändert, heute Luxusherberge und deshalb zusammen mit dem prächtigen Park nur (betuchten) Hotelgästen zugänglich.

Empfehlenswert ist ein Abstecher auf schmaler Straße von Cernobbio zum **Monte Bisbino** (1325 m; 17 km), dessen Gipfel eines der schönsten Panoramen der Regionen bietet.

▶ COMO

Seehöhe: 201 m	Karte: G 6
Einwohner: 100 000	

Como ist eine Stadt der Kontraste, schön und hässlich zugleich, in ihrer Geschichte fast immer im Schatten und Gegensatz zum übermächtigen Mailand stehend. Ihr nobles Antlitz wendet die „città della seta", die Seidenstadt, dem See zu, und wer sich ihr übers Wasser oder eine der Uferstraßen nähert, dem bleiben jene Vororte verborgen, die – gesichtslos, von Asphaltgrau und Zweckarchitektur geprägt – weit in die Brianza hinauswuchern. Vornehm-kühl dagegen die Seefront: hinter den Uferanlagen und dem Lungolario das römische Geviert der Altstadt, überragt von der Barockkuppel des Doms, autofrei und zu einem Bummel einladend.

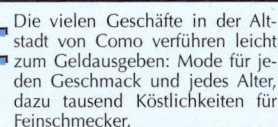

Die vielen Geschäfte in der Altstadt von Como verführen leicht zum Geldausgeben: Mode für jeden Geschmack und jedes Alter, dazu tausend Köstlichkeiten für Feinschmecker.

Geschichte: Besiedelt war die Gegend von Como schon in prähistorischer Zeit; nach der Eroberung durch Marcus Claudius Marcellus (2. Jh. v. Chr.) entstand das römische „novum Comum", dessen Grundriss noch heute innerhalb des Altstadtkerns abzulesen ist. Im Mittelalter geriet die Stadt in den Machtkampf zwischen Parteigängern des Kaisers (Ghibellinen) und des Papstes (Guelfen); der Krieg gegen Mailand endete nach zehn Jahren mit einer Niederlage und der teilweisen Zerstörung Comos (1127). Wechselhafte Zeiten bescherte der Stadt dann die Herrschaft der Visconti (1335) und Sforza, später der spanischen Habsburger (bis 1714), ehe es unter der k u. k.-Monarchie zu einem allmählichen Aufschwung kam. Eine entscheidende Rolle spielte dabei die Seidenindustrie, von Pietro Boldoni um 1510 eingeführt. Längst ist „pura seta di Como" ein Begriff geworden; heute wird hier knapp ein Viertel der Weltproduktion an Seide verarbeitet.

Sehenswert: Von der Uferpromenade (Lungolario Trieste) sind es nur ein paar Schritte zur Hauptsehenswürdigkeit der Stadt, dem mächtigen **Dom Santa Maria Maggiore**, der zusammen mit Broletto und Torre del Comune ein beeindruckendes Bauensemble aus sechs Jahrhunderten bildet. Der **Broletto**, das ehemalige Rathaus, und der Stadtturm stammen aus dem frühen 13. Jahrhundert; 1396 wurde mit dem Bau des Doms in gotischen Formen begonnen. In der zweiten Hälfte des 15. Jahrhunderts erhielt er seine Fassade, mit ihrem reichen plastischen Schmuck ein Meisterwerk der Frührenaissance. Bei den großen sitzenden Figuren links und rechts des Hauptportals handelt es sich nicht etwa um Heilige, sondern um zwei römische Schriftsteller und Naturkundler, Plinius den Älteren und seinen Neffen, Plinius den Jüngeren, die aus Como stammen. Ähnlich reich geschmückt ist die Porta della Rana an der Nordseite des Doms, die ihren Namen einem (allerdings kaum mehr erkennbaren) eingemeißelten Frosch (= rana) verdankt.

Im frühen 16. Jahrhundert wurde der Chor umgebaut; 1731–1744 schließlich erhielt der Dom seine mächtige Vierungskuppel. Im (ziemlich düsteren) Innern fallen große, längs des Mittelschiffs aufgehängte Gobelins (16. Jh.) auf; die weitere Aus-

Barocke Baukunst: die Kuppel des Doms von Como.

stattung, darunter mehrere gute Altarbilder, stammt überwiegend aus dem 17. Jahrhundert.

Vom Domplatz ist es nicht weit zur Kirche **San Fedele**, einer romanischen Basilika, errichtet über karolingischen Grundmauern eines Vorgängerbaus, mit origineller Apsis (zierlicher Galerieumgang).

Ganz in der Nähe, an der Via Vittorio Emanuele, stößt man auf zwei Museen: Das **Museo Archeologico Artistico „Giovio"** zeigt neben Funden aus vorgeschichtlicher Zeit, darunter einem Einbaum vom Lago di Monate (ca. 1200 v. Chr.), eine Sammlung von Werken lombardischer Künstler des 16. bis 18. Jahrhunderts; das **Museo del Risorgimento „Garibaldi"** informiert über den Befreiungskampf des 19. Jahrhunderts und den Ersten Weltkrieg. Ganz in der Nähe von Como, bei San Fermo, errang Giuseppe Garibaldi einen für die Einigung Italiens wichtigen Sieg (Öffnungszeiten: beide Museen Di–Sa 9.30–12.30, 14–17 Uhr, So 10–13 Uhr).

Zu jener Zeit hatten die mittelalterlichen Befestigungen der Stadt längst ihre Bedeutung verloren. Teile davon sind aber noch erhalten, auch drei Türme, darunter die mächtige **Torre di Porta Vittoria** (1192 m), immerhin rund 40 Meter hoch.

Außerhalb der „città vecchia", zwischen der Bahnlinie und Industrieanlagen, steht die Kirche **Sant'Abbondio**, einer der bedeutendsten romanischen Sakralbauten der Lombardei. Die fünfschiffige Basilika mit ihren beiden Chorflankentürmen wurde

1095 geweiht; in der Apsis blieben hervorragende gotische Fresken erhalten. Der nordseitig anschließende Kreuzgang entstand im 16. Jahrhundert.

Auf einer Anhöhe über der Stadt (Zugang von der Piazza San Rocco) liegt das **Castel Baradello** (432 m), im 12. Jahrhundert errichtet und später von den Visconti ausgebaut. Die gingen mit ihren Feinden nicht gerade zimperlich um; Ottone Visconti ließ Napo Torriani, den er 1277 gefangengenommen hatte, in einem Käfig außen am Bergfried aufhängen, wo er nach anderthalb Jahren verhungert sein soll...

Über den wichtigsten Industriezweig der Stadt, die Seidenverarbeitung und ihre Entwicklung, informiert das **Seidenmuseum** (Museo didattica della Seta) an der Via Valleggio (Öffnungszeiten: Di–Fr 9–12, 15–18 Uhr); wer sich mehr für Technisches interessiert, muss den in klassizistischen Formen gehaltenen Tempel an der Westseite des Hafens besuchen. Im **Tempio Voltano** werden zahlreiche Objekte des aus Como stammenden Physikers und Entdeckers Alessandro Volta (1745–1827) gezeigt, darunter von ihm erfundene Batterien (Öffnungszeiten: April bis September Di–So 10–12, 14–18 Uhr, Oktober bis März Di–So 10–12, 14–16 Uhr).

Vom „Tempel" führt die Uferpromenade – vorbei am baufälligen Fußballstadion – hinaus zur **Villa Olmo**, einer der schönsten Villen am Comer See, 1782–1789 in klassizistischen Formen erbaut und von einem herrlichen Park umgeben (Öffnungszeiten: Mo–Sa 9–12, 15–18 Uhr).

Umgebung: Einen bezaubernden Blick auf Como und seinen See bietet **Brunate** (715 m). Zu dem Villenort kommt man mit der Standseilbahn oder über eine gut ausgebaute Straße (6 km); ein gut halbstündiger Spaziergang führt zum Aussichtspunkt San Maurizio (906 m) bzw. zum Faro Voltiano.

Informationen: IAT, Piazza Cavour 16, I-22100 Como; Tel. 031/26 97 12, Fax 24 01 11

▶ DERVIO

Seehöhe: 204 m	*Karte: 13*
Einwohner: 2500	

Uferort an der Mündung der Valle Varrone. Sehenswert ist **Corenno Plinio** (230 m), ein winziges Dörfchen, von dessen malerischer Lage auf einer Anhöhe über dem See schon Plinius d. Ä. geschwärmt haben soll.

Information: Pro Loco, Via Martiri 6, I-23824 Dervio; Tel. 0341/85 02 19, Fax 80 41 11.

▶ **ÉSINO LARIO**

Seehöhe: 910 m	*Karte: I 4*
Einwohner: 800	

Bergdorf im Norden des Grignemassivs, 12 Kilometer lange Zufahrt ab → **Varenna**. Von der hübsch gelegenen Pfarrkirche (Kreuzweg) genießt man einen weiten Blick über den Lago di Como bis in die Gegend von Lugano. Kleines **Museum** (Museo della Grigna, Öffnungszeiten: Juli/August täglich 16–19 Uhr).

▶ **FOPPA, ALPE**

Seehöhe: 1450 m	*Karte: F 3*
	Wanderung 11

Auch hoch am Berg ist mittlerweile neue Tessiner Architektur zu bewundern: Mit der **Cappella di Santa Maria degli Angeli** (1996) macht Mario Botta auf eigenwillige Weise deutlich, wie er sich eine Verbindung von Kunst, Natur und Spiritualität vorstellt.

▶ **GAMBAROGNO, RIVIERA DI**

Seehöhe: 200 – 400 m	*Karte: E 3*
Einwohner: 2000	*Wanderung 10*

Wer mit der Bezeichnung „Riviera" einen mondänen, von Hotels und Bungalows gesäumten Uferstreifen assoziiert, an Disco und Highlive denkt, liegt hier ganz falsch. Der Gambarogno, das linke Ufer des Lago Maggiore zwischen Ticinomündung und italienischer Grenze, wirkt – ganz im Gegensatz zu Ascona und Locarno – eher ländlich, ist mit seinen kleinen Dörfern auch weit weniger verbaut. Insgesamt ein ruhiges Ferienrevier, das gute Wandermöglichkeiten an den größtenteils bewaldeten Nordhängen des Monte Gambarogno (1734 m) und des Monte Paglione (1554 m) bietet. Hauptort des Gambarogno ist Vira (209 m), Ausgangspunkt der Bergstraße über den Corte di Neggia (1395 m) nach → **Indemini** (939 m).

Informationen: Ente Turistico del Gambarogno, Via Cantonale, CH-6574 Vira; Tel. 091/795 18 66, Fax 795 33 40.

► GANDRIA

Seehöhe: 273 m	Karte: G 4
Einwohner: 200	Wanderung 12

Tessiner Postkartenidylle, eines der beliebtesten Ausflugsziele am Luganer See. Am schönsten zeigt sich das Fischerdörfchen mit seinen mehr über- als nebeneinander ans felsige Steilufer gebauten Häusern vom See aus – und übers Wasser führt ein empfehlenswerter „Weg" nach Gandria. Das Kursschiff der „Navigazione Lago di Lugano" läuft auch Cantine di Gandria am gegenüberliegenden Seeufer an. Und da verdient das originelle **Zollmuseum** (Museo delle dogane svizzere) einen kurzen Besuch; zu besichtigen ist eine ganze Palette von teilweise ziemlich ausgefallenem Schmuggelgerät (Öffnungszeiten: Ende März bis Mitte Oktober täglich 13.30–17.30 Uhr).
Informationen: Lugano Tourismus, Riva Albertolli,
CH-6901 Lugano; Tel. 091/913 32 32m, Fax 922 76 53;
Internet: www.lugano-tourism.ch.

► GARLATE, LAGO DI

Seehöhe: 198 m	Karte: J 6

Der Abfluss des Comer Sees geht bei Lecco fast unmittelbar in den knapp fünf Quadratkilometer großen **Lago di Garlate** über, an den wiederum der noch kleinere Lago di Olginate anschließt. Beide Seen liegen innerhalb des Naturschutzgebietes „Adda Nord", ihre Uferstreifen sind aber weitgehend verbaut, und die Industriebetriebe von Lecco sorgen auch nicht gerade für sauberstes Wasser...
An die in der Region einst bedeutende Seidenindustrie erinnert das **Seidenmuseum** in Girate. Das Museo della Seta „Abegg" ist jeweils So 14–17 Uhr geöffnet.

► GRAVEDONA

Seehöhe: 201 m	Karte: I 2
Einwohner: 3000	

Historisches Zentrum des oberen Lario, hübsch im Mündungsbereich des Lirobachs gelegen. Sehenswert neben der im 17. Jahrhundert barock umgebauten Kirche San Vicenzo (Krypta aus dem 11. Jh.) vor allem die **Chiesa Santa Maria del Tiglio**, einer der bedeutendsten romanischen Bauten am Comer See mit hohem Campanile. Die „Heilige Maria zur Linde" steht auf den Fundamenten eines frühchristlichen Baptisteriums; erhalten sind noch Reste des Mosaikbodens und ein Taufbecken.

Das „Schottendorf" Gurro in der Val Cannobina.

▶ **GURRO**

| Seehöhe: 812 m | Karte: C 3 |
| Einwohner: 550 | Wanderung 4 |

Bergdorf in der Val Cannobina mit malerisch-verwinkelten Gässchen. Die Bewohner berufen sich auf schottische (!) Vorfahren, was zwar historisch nicht zu belegen ist, aber immerhin den echten Baron Gayre of Gayre an Nigg aus Scotland nach Gurro lockte. Für ihn war die Sache klar: „Die Gurresen", erklärte er, „sind schottischer Herkunft. Ihre Physiognomie ist die meiner Landsleute." Ein verblichenes Fotos im kleinen **Ortsmuseum**, das mehrere Herren in Kilts zeigt, erinnert an den hohen Besuch. Wegen Führungen erkundige man sich in der Scotch Bar.

▶ **INDEMINI**

| Seehöhe: 939 m | Karte: E 3 |
| Einwohner: 50 | |

Das Bergnest in der obersten Valle Veddasca liegt buchstäblich „hinter den sieben Bergen", auch im Zeitalter der (Beinahe-)Vollmotorisierung. Leicht zu erreichen war das Dörfchen nie, schon gar nicht zu jener Zeit, als die Eidgenossen ihre Eroberungen südlich der Alpen machten. Dabei fiel ihnen auch das Veddascatal zu, doch waren sich die neuen Herren bald einig, dass sie schon „genug Kastanien hätten". Deshalb tauschten sie das Tal kurzerhand gegen das Mendrisiotto ein – so leicht ging das damals. Doch die Leute von Indemini waren offenbar mit diesem Handel nicht einverstanden; sie gruben ein altes Dokument aus, das ihre kirchliche Zugehörigkeit zu Locarno belegte ...

Indemini blieb also beim Tessin, ohne eigentlich Verbindung mit ihm zu haben. Nur ein beschwerlicher Pfad über die Passhöhe von Neggia (1395 m) führte hinüber ins Gambarogno, zur Magadinoebene. Erst 1930 erhielt das sterbende Dorf eine Straße. Über sie kamen bald auch die Touristen; plötzlich war Indemini nicht mehr „ohne Zukunft", sondern eine Attraktion. Mit Subventionen von Bund und Kanton wurde konserviert, was längst verlassen war, teilweise sogar wiederbelebt (auch mit Städtern), Indemini hatte plötzlich eine Perspektive – und viele Besucher. Die bestaunen die rustikale Architektur, finden die verwinkelt-engen Gässchen einfach bezaubernd und stören sich nicht am „Züridütsch" so mancher Bewohner.

Wanderung: Eine dankbare Runde führt von Indemini über den **Monte Gambarogno** (1734 m); Aufstieg über die Kapelle Sant'Anna (1342 m) und die Alpe Cedullo (1287 m), wo es im Sommer Ziegenkäse gibt, Abstieg zum Corte di Neggia (1395 m). Gehzeit etwa 4,5 Std., markierte Wege.

INTELVI, VALLE D'

Seehöhe: 500 – 1000 m   Karte: G 4
Einwohner: 4000

Das Hochtal von Intelvi, eingebettet zwischen dem Massiv des Monte Generoso (1701 m) und den Ausläufern der Tremezzo-Kette, führt, obwohl landschaftlich sehr reizvoll, touristisch eher ein Mauerblümchendasein. Dafür sind die Dörfer zwischen Argegno und Lanzo berühmt als Heimat vieler Steinmetzen, Maler, Stuckateure und Baumeister. Als „Maestri Antelami" (so hießen sie nach dem alten Namen der Talschaft) beeinflussten sie nicht nur über Jahrhunderte hinweg die Entwicklung der Architektur in der Lombardei, sie arbeiteten auch fast überall in Europa. Ein paar (wenige) Beispiele: Benedetto Antelami gestaltete im frühen 13. Jahrhundert das Baptisterium von Parma; Lorenzo degli Spiazzi wirkte Ende des 14. Jahrhunderts als Baumeister an den Domen von Mailand und Como; Carlo Carlone gilt als Schöpfer großartiger Freskenzyklen in Einsiedeln, Schloss Ansbach und in Wien.

Für Wanderer und Mountainbiker ist das Intelvi ein sehr dankbares Revier mit vielen Tourenmöglichkeiten. Auf zwei Rädern lassen sich etwa die → **Sighignola** (1314 m) und die Kammhöhen der Tremezzo-Kette (Monte di Tremezzo, 1700 m) „besteigen", beliebte Wanderziele sind der Sasso Gordona (1410 m) und der aussichtsberühmte Monte Generoso (1701 m).

 ISOLA COMACINA

Seehöhe: 239 m	Karte: H 4

Die einzige Insel des Comer Sees liegt vor der → **Riviera della Tremezzina**; sie ist mit Booten von Sala Comacina bzw. Ossuccio aus erreichbar. Heute erinnert nur mehr wenig daran, dass auf dem kleinen Eiland – gerade 600 Meter lang, bis 200 Meter breit – im Mittelalter der Wohlstand blühte: Cisopoli, die „goldene Stadt", wurde der befestigte Flecken seines sagenhaften Reichtums wegen genannt. Das Ende kam 1169, ein halbes Jahrhundert nach dem zehnjährigen Krieg zwischen Como und Mailand. Die Insel, mit den Mailändern verbündet, wurde von Como dem Erdboden gleichgemacht; erhalten blieben nur Mauerreste der romanischen Kirche Sant'Eufemia. Alljährlich am 24. Juni findet zum Gedenken an den Untergang von Cisopoli eine Prozession statt.

 LAVENO

Seehöhe: 205 m	Karte: D 5
Einwohner: 9000	

Gegenüber von Intra, mit dem es eine Fährverbindung (Ferry, ganzjährig in Betrieb) hat, liegt Laveno, bekannt für seine vor über hundert Jahren eingeführte Keramikindustrie. Von der Seepromenade genießt man einen hübschen Blick auf den Borromäischen Golf; noch umfassender ist der Blick vom **Sasso del Ferro** (1062 m), zu dem eine kleine Gondelbahn hinaufzieht (Bergstation 974 m).

Permanente **Keramikausstellung** in Cerro di Laveno (Museo della Ceramica, Öffnungszeiten: Di–Do 14.30–17.30 Uhr, Fr–So 10–12, 14.30–17.30 Uhr).

Informationen: Ufficio Turistico, Piazza Italia, I-21014 Laveno Mombello; Tel. 0332/66 66 66.

LECCO

Seehöhe: 214 m
Einwohner: 53 000
Karte: J 6

Die Stadt am Abfluss der Adda aus dem Comer See wird von der Industrie stärker geprägt als von ihrer (immerhin über zweitausendjährigen) Geschichte. Die meisten Türme hier sind aber weder romanisch noch barock, sondern tausendmal älter und stehen auch nicht in, sondern über der Stadt, in den Flanken der Grigne und des Resegone. Lecco, das wird gerne vergessen, ist eine Bergsteigerstadt mit Tradition.

Für die Italiener ist Lecco vor allem die Stadt Alessandro Manzonis (1785–1873), der mit dem Roman „I promessi sposi" (Die Verlobten) zu Weltruhm gelangte: Renzo und Lucia statt Romeo und Julia, Happy End statt Tragödie. Natürlich hat der Dichter, der in Mailand geboren wurde, hier sein Denkmal (auf der Piazza Manzoni); literaturhistorisch Interessierte werden das Haus besuchen, in dem er seine Jugend verbrachte (**Museo Manzoniano**, Via Guanella). Die Galleria Comunale d'Arte im ersten Stock der Villa Manzoni zeigt einer Gemäldesammlung (beide Museen Öffnungszeiten: Di–So 9.30–14 Uhr).

Lecco ist eine Bergsteigerstadt mit Tradition.

Weiter sehenswert: Im Rücken der baumbestandenen Seepromenade liegt der historische Siedlungskern von Lecco, überragt von dem fast 100 Meter hohen Turm des im 19. Jahrhundert klassizistisch umgebauten **Doms**. Da lässt es sich gut bummeln, und neben alten Mauern gibt's natürlich jede Menge feine (und teure) Geschäfte. Auf der Piazza XX Ottobre herrscht jeweils mittwochs und samstags buntes Markttreiben; in der Südwestecke des Platzes steht die **Torre del Castello** (15. Jh.), ein Überrest der alten Viscontiburg.

Interessante Exponate aus den Bergen Leccos präsentiert das **Naturhistorische Museum** (Museo di Storia Naturale/Museo Archeologico) im Palazzo Bel-

 Zu einem Aufenthalt am Comer See gehört natürlich ein feines Fischessen. Da ist das Ristorante **Al Porticcolo** an der Via Valsecchi 5/7 in Lecco eine gute Adresse. Im Sommer wird auch draußen im Garten serviert. Plätze reservieren; Tel. 0341/49 81 03; Mo und Di-Mittag geschlossen.

giojoso (Corso Matteotti 32): Gesteine und Versteinerungen, Mineralien, dazu vorgeschichtliche und römische Funde. Ein Raum ist der Erinnerung an den aus Lecco stammenden Naturforscher Antonio Stoppani (1824–1891) gewidmet, der als Verfasser des Landeskundeklassikers „Il bel paese" in ganz Italien bekannt wurde (Öffnungszeiten: Di–So 9.30–14 Uhr).

Information: APT del Leccese, Via N. Sauro 6, I-23900 Lecco; Tel. 0341/36 93 90, Fax 28 62 31.

▶ LIGORNETTO

Seehöhe: 362 m   Karte: F 6
Einwohner: 1300

Hervorragende Tessiner Merlots bekommt man bei den **Vinattieri Ticinesi** in Ligornetto; Tel. 091/647 33 33.

Nachbarort von → **Mendrisio** mit geschlossenem Ortskern. Ligornetto ist Geburtsort des Bildhauers Vicenzo Vela (1820–1891). Eine umfassende Sammlung von Arbeiten des Künstlers zeigt das **Museo Vela** (Öffnungszeiten: März bis Oktober Di–So 9–12, 14–17 Uhr).

▶ LOCARNO

Seehöhe: 197 m   Karte: E 2
Einwohner: 18 000

Neben Lugano das zweite Zentrum des Tessiner Fremdenverkehrs, in herrlicher Lage am oberen Ende des Lago Maggiore. Die Sonnenhänge rund um die historische Altstadt sind heute weitgehend verbaut, trotzdem hat sich Locarno seinen unverwechselbaren Charme bewahrt, eine gelungene Verbindung rustikal-alpiner und südländischer Akzente. Die Stadt verzeichnet 2300 Sonnenstunden und eine mittlere Tagestemperatur von 15,5 ° – Spitze in der Schweiz.

Geschichte: Urkundlich wurde Locarno, dessen Gebiet bereits in römischer Zeit besiedelt war, 789 erstmals erwähnt. Unter Kaiser Friedrich I. erhielt es die Reichsfreiheit. 1342 kam der Ort an die Mailänder Visconti, 1513 machten sich die Eidgenossen zu den neuen Herren Locarnos (und des ganzen Tessins), das fortan als Untertanengebiet verwaltet wurde. 1925 fand in Locarno auf Initiative des deutschen Staatsmanns Gustav Stresemann eine internationale Friedenskonferenz statt (Locarnopakt).

Sehenswert: Mittelpunkt der Stadt ist die **Piazza Grande**, auf der jeweils im August die legendären Freiluftvorführungen im Rahmen des Filmfestivals stattfinden. Ursprünglich grenzte der Platz direkt an den See, was man den arkadengeschmückten Häusern heute nicht mehr ansieht. Ab und zu, nach besonders schweren Regenfällen, schwillt der Lago Maggiore aber um ein paar Meter an, was dann den einstigen Zustand (für ein paar Tage und zum Leidwesen der Locarneser) wieder herstellt.

Von der Piazza Grande sind es nur ein paar Schritte zum **Castello Visconti**, dem Stadtschloss, bei dem es sich allerdings nur mehr um den Rest einer einst riesigen Festungsanlage mit eigenem Hafen und zahlreichen Wehrtürmen handelt. Im Schloss ist das **Archäologische Museum** untergebracht (Öffnungszeiten: April bis Oktober Di–So 10–12, 14–17 Uhr).

Neben dem Castello liegt das ehemalige Minoritenkloster, heute Lehrerseminar. Die Kirche **San Francesco**, in der ersten Hälfte des 16. Jahrhunderts erbaut, gilt in ihrer nüchternen Strenge als Beispiel der nachmittelalterlichen Bettelordensarchitektur. Ganz anders die Kirche **Santa Maria Assunta** an der Via Citadella, 1636 geweiht und mit üppigem Stuck prunkend.

Was hat der hier verloren? In der Altstadt von Locarno.

Ein halbes Jahrtausend älter ist **San Vittore** in Locarno-Muralto, unweit vom Bahnhof, der wohl bedeutendste romanische Sakralbau des Tessins, eine dreischiffige Pfeilerbasilika (um 1100). Unter dem Chor liegt die Krypta mit einzigartiger ornamentaler und figürlicher Kapitellplastik.

Die populärste Kirche Locarnos thront hoch über der Stadt: **Madonna del Sasso** (346 m), per Standseilbahn in wenigen Minuten, in einer guten halben Stunde auf dem alten Kreuzweg erreichbar. Den nehmen auch viele unter die Füße, die den Wallfahrtsort bloß der prächtigen Aussicht wegen besuchen. Die ockerfarbige Kirche, im wesentlichen ein Bau des 16. und 17. Jahrhunderts, bewahrt eine reiche Ausstattung; dazu quillt sie schier über von all den zahllosen Votivbildern. Da kann man das Hauptwerk – Bramantinos Gemälde „Flucht aus Ägypten" (um 1520) – rechts hinter dem Eingang leicht übersehen. Eine in ihrem weiten Spektrum interessante Bildersammlung zeigt das **Klostermuseum** (Casa del Padre, Öffnungszeiten: April bis Oktober Mo–Sa 14–16.30 Uhr, So 10–12, 14–17 Uhr).

Locarnos erste Adresse für Feinschmecker ist nach wie vor das **Centenario** am Lungolago Motta 17 in Muralto. Die Küche entführt mit feinen Kreationen nach Frankreich, auf dem opulenten Käsewagen entdeckt man aber auch vorzügliche Formaggi aus dem Verzascatal. Im Weinangebot – in erster Linie natürlich nach Westen orientiert – finden sich ein paar hervorragende Merlots, mit oder ohne Barrique. Gehobene Preisklasse; geöffnet Di–Sa, im Februar drei Wochen, im Juli für zwei Wochen geschlossen. Tel. 091/743 82 22 – unbedingt reservieren!

Weiter sehenswert: An der Straße nach Solduno, im Westen Locarnos, steht das Kirchlein **Santa Maria in Selva**. Es bewahrt vorzügliche Fresken aus spätgotischer Zeit.

Mergoscia (731 m) in reizvoller Lage über dem untersten Verzascatal ist ein typisches Bergdorf des Sopra Ceneri. Zufahrt von Locarno über Orselina, Brione und Contra, 10 km.

Das schönste See- und Bergpanorama von Locarno gewährt die **Cimetta** (1671 m), der man von Madonna del Sasso via Cardada (1332 m) bequem entgegenschwebt. Die grandiose Schau reicht nach Süden über den Lago Maggiore bis in die Gegend von Arona, wo Wasser und Himmel im Dunst der Poebene verfließen. Ganz anders der Blick in die Valle Maggia mit ihren übersteilen Flanken, den schroffen Felsgipfeln (Basòdino, 3274 m).

Informationen: Ente Turistico Locarno e Valli, Via Largo Zorzi 1, CH-6601 Locarno; Tel. 091/751 03 33, Fax 751 90 70, Internet: www.lagomaggiore.org.

▶ LOCO

Seehöhe: 691 m	Karte: D 2
Einwohner: 750	Wanderung 1

Hauptort der Valle Onsernone in schöner Terrassenlage; 15 km westlich von → **Locarno**. Loco war früher ein Zentrum der Strohflechterei; auffallend noch heute im Ortsbild zahlreiche stattliche Häuser mit südseitigen Holzloggien, an denen das Stroh zum Bleichen aufgehängt wurde. An das einst blühende Handwerk erinnert das **Museo Onsernone** (Öffnungszeiten: April bis Oktober Di–So 14–17 Uhr).

► LUGANO

Seehöhe: 273 m	*Karte: F 4*
Einwohner: 29 000	*Wanderungen 12, 14*

Lugano ist nicht nur die größte, wirtschaftlich bedeutendste Stadt der Südschweiz, sie ist auch klar Nummer eins unter den Reisezielen des Tessins. Das erstaunt nur wenig angesichts des pittoresken Landschaftsrahmens, der einmaligen Lage an einer weiten Bucht des Luganer Sees mit den beiden „Zuckerhüten" links und rechts – Monte Brè (925 m) und San Salvatore (912 m) –, einer (fast) immer lachenden Sonne (2200 Sonnenstunden in Brè) und der bereits sehr mediterranen Vegetation. Nicht ganz ins schöne Bild passen die vielen Flachdächer, und wer etwa vom San Salvatore aus die Stadt in Augenschein nimmt, kann nicht übersehen, wie weit sie hinaus- und hinaufwuchert, nach Agno, gegen die Hänge des Monte Brè. Dass Neues aber auch positive Akzente setzen kann, macht dann ein Bummel durch Lugano deutlich; zwischen Paradiso und Castagnola finden sich einige der besten Beispiele moderner Schweizer Architektur. Und da kommt man nicht an Mario Botta (geb. 1943) vorbei, der mit seinen streng geometrischen Bauten, meist in ockerfarbenem Naturstein, einige ganz markante Akzente im Weichbild der Stadt gesetzt hat, etwa die Banca del Gottardo, die Banca Popolare di Sondrio Suisse oder den großartigen Palazzo dei Cinque Continenti.

 April bis Oktober bietet Lugano Tourismus jeweils Montagvormittag einen geführten Stadtrundgang an (etwa 2 1/2 Std.); Start um 9.30 Uhr an der Piazza Luini.

Geschichte: Obwohl seit prähistorischer Zeit besiedelt, gewann Lugano in seiner Geschichte nie überregionale Bedeutung. Eine erste urkundliche Erwähnung als „Luano" datiert aus dem Jahr 818; im Mittelalter war der Flecken dann wiederholt Zankapfel zwischen Mailand und Como. Zu Beginn des 16. Jahrhunderts kam Lugano mit dem Sotto Ceneri unter die Herrschaft der Eidgenossen. 1808–1878 war es abwechselnd mit Bellinzona und Locarno Hauptort des Kantons Tessin.

Rundgang: Den Stadtbummel beginnt man am besten unten am See, wo die **Piazza della Riforma** mit seinen Straßencafés ein beliebter Treffpunkt für jung und alt ist. An seiner Südseite erhebt sich das Rathaus (Municipio), ein freistehendes Gebäude mit Innenhof (1845). Am Seeufer entlang führen die berühmten Promenaden hinaus nach Castagnola und Paradiso. Sie vermitteln zauberhafte Blicke übers Wasser; in den gepflegten Anlagen stehen Skulpturen zeitgenössischer Künstler. Gegenwartskunst präsentiert auch das **Museum Moderner Kunst** in der Villa Malpensata (Wechselausstellungen, Öffnungszeiten: Di–So 9–19 Uhr).

Landeinwärts, an den gegen die Stazione (Bahnhof) ansteigenden Hängen, erstreckt sich die kleine, vom Autoverkehr befreite „città vecchia" mit ihren engen Gassen und malerischen Lauben. Hinter den alten Fassaden der **Via Pessina** und der sich anschließenden Via Nassa lockt allerdings vor allem der (gehobene) Konsum: Mode, Schmuck, kulinarische Köstlichkeiten.

Die Via Nassa mündet auf den kleinen Luini-Platz, der seinen Namen nicht zufällig hat. An seiner Nordseite steht die Kirche **Santa Maria degli Angoli** (1515) mit dem schönsten Renaissance-Wandbild der Schweiz. Geschaffen hat das monumentale Fresko der Da-Vinci-Schüler Bernardino Luini (1529); von ihm stammt auch das Abendmahl an der Südwand.

Tipp

Italienische Küche in Perfektion wird im **Al Portone** in Lugano zelebriert – das hat natürlich seinen Preis. Aber vielleicht findet sich ja ein Grund, den Tag auf exquisite Art ausklingen zu lassen... Viale Cassarate 3, CH-6900 Lugano; Tel. 091/923 55 11, Fax 971 65 05.

Das zweite Gotteshaus Luganos von überregionaler Bedeutung erhebt sich auf einer Anhöhe über der Altstadt: die Kathedrale **San Lorenzo**, spätestens seit 818 Pfarrkirche. Einzigartig ist die der romanisch-gotischen Pfeilerbasilika vorgeblendete Schaufassade mit ihren drei Portalen, reichem Skulpturenschmuck und einem großen Radfenster (1517).

Im Osten des Stadtzentrums liegt der hübsche **Stadtpark** (Parco Civico), um den sich gleich mehrere Museen gruppieren: an der Via Canova das **Kantonale Kunstmuseum** (Museo Cantonale d'Arte, Öffnungszeiten: Di 14–17 Uhr, Mi–So 10–17 Uhr), deren Sammlung einen guten Überblick über die Tessiner Kunst des 19./20. Jahrhunderts vermittelt; das **Städtische Kunstmuseum** in der Villa Ciani (Öffnungszeiten: Di–So 10–12, 14–17 Uhr), das neben einer Sammlung bedeutender Impressionisten ebenfalls Tessiner Kunst zeigt; weiter das **Naturhistorische Museum** (Museo cantonale di Storia Naturale) am Viale Cattaneo 4 (Öffnungszeiten: Di–Sa 9–12, 14–17 Uhr).

Umgebung: Kunstfreunden ist die Villa Favorita (1670) in **Castagnola** natürlich ein Begriff. Obwohl nach bemühendem Hickhack 1992 große Teile der einzigartigen Gemäldesammlung Thyssen-Bornemisza nach Spanien kamen, verdient auch die am Luganer See verbliebene Sammlung von Arbeiten europäischer und amerikanischer Künstler des 19. und 20. Jahrhunderts einen Besuch (Öffnungszeiten: Do–So 14–17 Uhr).

In exotische Weltgegenden entführt das **Museum für Außereuropäische Kulturen** (Museo delle Culture Extraeuropee) in der Villa Helenum (Castagnola, Öffnungszeiten: März bis Oktober Mi–So 10–17 Uhr).

Montagnola (467 m), südwestlich von Lugano an dem teilweise bewaldeten Höhenrücken der Collina d'Oro gelegen, ist bekannt geworden als zweite Heimat von Hermann Hesse. Er lebte hier von 1919 bis zu seinem Tod 1962; ein kleines Museum in der Torre Camuzzi ist dem berühmten Dichter gewidmet (Öffnungszeiten: März bis Oktober Di–So 10–12.30, 14–18.30 Uhr, im Winter nur Sa, So 10–12.30, 14–18.30 Uhr).

Informationen: Lugano Tourismus, Riva Albertolli, CH-6901 Lugano; Tel. 091/913 32 32, Fax 922 76 53; Internet: www.lugano-tourism.ch.

Ein vor allem bei Wanderern beliebtes Ausflugsrevier ist die **Val Colla**, die im Norden Luganos von Tesserete (514 m) gegen die italienische Grenze ansteigt. Lohnende Gipfelziele sind der Monte Bar (1816 m; 3 Std. ab Bidogno), der Monte Gazzirola (2116 m; 4 Std. ab Bogno), ein beliebtes Kletterrevier die Dolomitfelsen der Denti della Vecchia (1491 m).

Informationen: Ente Turistico Valli di Lugano, Piazza Stazione, CH-6950 Tesserete; Tel. 091/943 18 88, Fax 943 42 12.

▶ LUINO

Seehöhe: 202 m	Karte: E 4
Einwohner: 17 000	

Luino ist ganz klar eine „Eintagsfliege", zumindest für die meisten seiner Besucher. Die kommen fast alle am Mittwoch, sogar per Schiff über den See, viele aus der Schweizer Nachbarschaft, denn an diesem Tag verwandelt sich der Ort in einen einzigen Marktplatz, geht es hier bunt und turbulent zu. Der Markt von Luino ist einer der größten in Oberitalien, hier gibts fast alles von der CD bis zur Lederjacke, echt oder gut kopiert. Ganz wichtig: Nicht mit dem eigenen Auto anreisen – kaum Parkplätze!

Verliehen wurde das Marktrecht dem Städtchen 1541 von Kaiser Karl V. Gut 300 Jahre später besiegte Garibaldi hier ein letztes Mal die Österreicher – der Weg zu Italiens Unabhängigkeit war damit frei.

Informationen: Ufficio Turistico, Via Piero Chiara 1, I-21016 Luino; Tel. 0332/53 00 19.

▶ MADONNA DEL GHISALLO

Seehöhe: 755 m   *Karte: 15*

Lage: Kleine Passhöhe zwischen der Valassina und Bellagio, 17 km von Erba, 10 km ab Bellagio.

Das gibt's nur im radsportverrückten Italien: eine Schutzpatronin der Radler. In der Kapelle entdeckt man die Bilder zahlreicher „Heroen der Landstraße" aus vergangenen Zeiten; eine Büste erinnert an den legendären Radrennfahrer Fausto Coppi.

Das Radler-Denkmal von Madonna del Ghisallo.

▶ MALCANTONE

Seehöhe: 400 – 1200 m   *Karte: E/F 4*
Einwohner: 4000   *Tour 12*

Im Winkel zwischen dem Westarm des Luganer Sees und seinem Abfluss, der Tresa, liegt der Malcantone, keineswegs eine „schlechte Gegend" (male), sondern eine reizvolle Voralpenregion zwischen Kastanienhainen und aussichtsreichen Bergrücken, ein Wandergebiet für (fast) das ganze Jahr. Der Name Malcantone kommt von den Hammerschmieden (maglia), die einst – wasserbetrieben – an der Magliasina standen. Noch im Jahr 1940 wurde hier nach Gold gegraben; die erzführenden Gesteinsschichten lieferten aber vor allem Bleiglanz, Zinkblende und Silber. In **Aranno** (707 m) kann eine funktionierende Hammerschmiede besichtigt werden (Di–So 10–17 Uhr).

Der Bergbau war allerdings wenig ergiebig, der Malcantone stets arm, Emigration fand über Jahrhunderte statt. Einige der Auswanderer kamen fern der Heimat zu Reichtum und Ansehen. Zu erwähnen ist vor allem Domenico Trezzini, in Astano geboren; er erbaute im Auftrag Zar Peters des Großen die Stadt Petersburg.

Der Malcantone ist ein ideales Revier für Radler, die sich zwischen den Serpentinen auch dann wohl fühlen, wenn's recht steil bergan geht. Ein Vorschlag: Ponte Tresa – Castelrotto – Banco – Breno – Cademario – Bioggio – Cimo – Magliaso – Ponte Tresa, etwa 40 km.

Die Dörfer des Malcantone liegen fast durchwegs auf sonnigen Höhen über den Talgräben; schöne Ortsbilder zeigen **Sessa** (394 m) mit seinen herrschaftlichen Bauten und **Breno** (780 m). In **Curio** (566 m) befindet sich das Museo del Malcantone (Öffnungszeiten: April bis Oktober Do und So 14–17 Uhr), **Cademario** (756 m) ist ein kleiner Ferienort in prächtiger Aussichtslage über dem Val des Vedeggio; Kakteenliebhaber werden die große Sukkulentensammlung im Botanischen Garten des Kurhauses besuchen.

Informationen: Ente Turistico Malcantone, Piazza Lago, CH-6987 Caslano; Tel. 091/606 29 86, Fax 606 52 00.

▶ MANDELLO DEL LARIO

Seehöhe: 214 m	Karte: 15
Einwohner: 10 000	Touren 26, 27

Lebhafter Flecken am Ostufer des Comer See mit einiger Industrie. Motorradfans kennen **Moto Guzzi**, 1921 gegründet und in Mandello ansässig. Das Werksmuseum kann gegen Voranmeldung besichtigt werden; Tel. 0341/70 92 69.

Mandello del Lario vor seinen Bergen, den Grigne.

Im alten Ortskern entdeckt man hübsche Bürgerhäuser, manche mit Arkaden; die Kirche **Madonna del Fiume** von 1642 gilt als eine der besten Barockschöpfungen der Region.

Informationen: Pro Loco, Via Manzoni 57, I-23826 Mandello del Lario; Tel./Fax 0341/73 29 12

▶ MELIDE

Seehöhe: 274 m	*Karte: F 5*
Einwohner: 1400	

In Melide wird die Tessinfahrt gleich zur Schweizreise – allerdings im Kleinen: **Swissminiatur** zeigt auf 11 000 Quadratmetern die wichtigsten Sehenswürdigkeiten des Landes im Maßstab 1:25 (Öffnungszeiten: Mitte März bis Ende Oktober 9–18 Uhr).

▶ MENAGGIO

Seehöhe: 203 m	*Karte: H 4*
Einwohner: 3200	

Ein beliebter Ferienort am Comer See: Menaggio.

Beliebter, aber ziemlich verkehrsgeplagter Ferienort am Westufer des Comer Sees, gegenüber von Bellagio und Varenna (Fährverbindungen). **Informationen:** Ufficio Turistico, Piazza Garibaldi 8, I-22017 Menaggio; Tel./Fax 0344/3 29 24.

▶ MENDRISIO

Seehöhe: 354 m	*Karte: G 5*
Einwohner: 6500	

Etwa auf halber Strecke zwischen → **Lugano** und → **Como** liegt **Mendrisio**, der Hauptort des Mendrisiotto. Dieser südlichste Zipfel des Tessins und der Schweiz, von einem Landeskenner einmal als „Vorhof der Lombardei" bezeichnet, erstreckt sich vom Generosomassiv bis zu den Hügeln über Como und Varese. Im Bereich der Gotthardautobahn städtisch geprägt und teilweise rücksichtslos verbaut, zeigt es in der → **Valle**

Tipp

In und um Mendrisio gibt es einige urige **Grotti**, die vor allem von Einheimischen besucht werden. Eine gute Adresse in Mendrisio ist das **Antica Grotto Ticino** am Viale alle Cantine 20, Tel. 091/646 77 97. Mittwochabend geschlossen.

Tipp

Wer über Ostern im Sotto Ceneri unterwegs ist, darf auf keinen Fall die berühmten Karprozessionen von Mendrisio versäumen! Sie finden jeweils abends am Gründonnerstag und am Karfreitag statt – zwei farbenprächtige Aufzüge, die sich aber grundlegend unterscheiden. Während bei der ersten Prozession der Passionsweg Christi in Szenen dargestellt wird, spiegelt der würdige Freitagsaufzug Glanz und Macht der Kirche.

Muggio und in den Hügeln um → **Stabio** ein ganz anderes Gesicht: alte Dörfer, ins Grün gesetzt, Rebberge und so manches Grotto, in dem es sich bei Risotto und einem Glas Nostrano gut sitzen lässt.

Geschichte: Urkundlich wird „Mendrici" erstmals 793 erwähnt, doch belegen Funde viel ältere Siedlungen an gleicher Stelle. Im Mittelalter war Mendrisio lange Zeit Zankapfel zwischen Como und Mailand; Anfang des 16. Jahrhunderts wurde es von den Eidgenossen erobert.

Sehenswert: Der historische Stadtkern wird bergseitig überragt von der Pfarrkirche **Santi Cosma e Damiano**, einem monumentalen Zentralbau mit laternenbekrönter achteckiger Kuppel. Innen beeindruckt vor allem das geschnitzte Altarziborium im Chor. Unterhalb der Kirche, an der Piazza del Ponte, steht ein mittelalterlicher Turm (12. Jh.), Überrest der Befestigung; an seiner Nordseite ist ein römischer Inschriftstein eingemauert.

Am Nordrand des alten Borgo liegt das 1852 aufgehobene Servitenkloster, ein malerischer Gebäudekomplex, der sich um den Kreuzgang gruppiert. In den alten Mauern ist das **Museo d'Arte** untergebracht, das vor allem Arbeiten von Tessiner und lombardischen Künstlern des 19./20. Jahrhunderts zeigt (Öffnungszeiten: Di–So 10–12, 14–18 Uhr). Die Klosterkirche San Giovanni besitzt eine reiche Ausstattung; die Gewölbemalereien sind illusionistisch angelegt, sozusagen als „Fortzeichnung" der Architektur.

Mendrisio besitzt auch einige beachtenswerte Profanbauten; hervorzuheben ist vor allem der **Palazzo Pollini**, einer der schönsten Barockpaläste des Tessins.

Umgebung: Das älteste Gotteshaus des Mendrisiotto hat nördlich außerhalb des Städtchens eine wenig komfortable Lage zwischen Bahnlinie und Autobahn. **San Martino**, in seiner heutigen Gestalt aus dem 12./13. Jahrhundert stammend, wurde auf den Fundamenten dreier Vorgängerbauten errichtet. Chor, Vorhalle und die südlich angebaute Sakristei datieren aus dem Jahr 1695.

Salorino (465 m), oberhalb von Mendrisio über einem Weinberg gelegen, ist einer der besterhaltenen Weiler des Mendrisiotto.

Bellavista (1221 m). Der Name sagt es schon: Vom Südwestgrat des Monte Generoso genießt man eine besonders schöne Aussicht. Zufahrt ab Mendrisio 11 km, Monte-Generoso-Bahn ab Capolago. Zu Fuß erreicht man von Bellavista in knapp 2 Std. den Gipfel des Generoso (1701 m → **Tour 16**).

Morbio Inferiore (341 m) und das etwas höher gelegene Morbio Superiore (453 m) sind zwei Dörfer am Eingang ins → **Muggiotal**, beide mit sehenswertem Ortskern. Die Pfarrkiche von Morbio Inferiore, ein prächtiger Barockbau, beeindruckt durch ihre üppige Ausstattung.

Informationen: Ente Turistico del Mendrisiotto e Basso Ceresio, Via A. Maspoli 15, CH-6850 Mendrisio; Tel. 091/646 57 61, Fax 646 33 48, Internet: www.bosslab.ch/mendris

▶ MERIDE

Seehöhe: 578 m	Karte: F 5
Einwohner: 300	Wanderung 15

Bergdorf am Südhang des Monte San Giorgio (1097 m) mit weitgehend unverfälschtem Ortsbild. Auf dem ehemaligen Burghügel außerhalb des Dorfes erhebt sich die Pfarrkirche **San Silvestro**, im 16. Jahrhundert an der Stelle eines romanischen Vorgängerbaus errichtet. Die prächtigen Chorgemälde schuf Francesco Antonio Giorgioli (1690), der aus Meride stammt und vor allem in den Benediktinerklöstern der Deutschschweiz tätig war.

 Lecker und preiswert ist alles, was in der **Osteria Guana** auf den Tisch kommt – überwiegend regionale Küche. CH-6866 Meride; Tel. 091/646 47 91. Mittwoch Ruhetag.

Eine Sammlung der am Monte San Giorgio entdeckten Versteinerungen zeigt das kleine **Fossilienmuseum** (Museo Paleontologico, Öffnungszeiten: täglich 8–18 Uhr).

▶ MONTE CENERI

Seehöhe: 554 m	Karte: F 3

Der Straßenpass – einst als Wegelagerer-Dorado berüchtigt – markiert die Grenze zwischen dem Sopra Ceneri und dem Sotto Ceneri. Früher trennte er mehr als er verband; noch um die Mitte des 19. Jahrhunderts wollten der Norden und der Süden als Halbkantone getrennte Wege gehen. Man konnte sich zunächst auch nicht auf eine Hauptstadt einigen, weshalb Lugano, Locarno und Bellinzona im Turnus diese Funktion übernahmen. Aus dieser Zeit stammt auch der recht originelle Vorschlag, auf dem Monte Ceneri – als Symbol für die Vereinigung – eine neue Kantonshauptstadt zu erbauen.

► MONTE VERITÀ

| Seehöhe: 321 m | Karte: E 2 |
| | Wanderung 2 |

Eigentlich ist der Monte Verità kein Berg, sondern eine Idee, geboren zu Anfang unseres Jahrhunderts, als Henri Oedenkoven, Industriellensohn aus Antwerpen, und die Münchner Künstlerin Ida Hofmann ein Grundstück oberhalb von Ascona erwarben und dort die „Vegetabile Cooperative Monte Verità", ein Begegnungszentrum, gründeten. Es wurde alsbald zum Wallfahrtsort für Weltverbesserer jeder Couleur, für Künstler und Anarchisten, Nudisten und Esoteriker. Das erregte natürlich die Neugierde der bürgerlichen Welt – Ascona und sein „Berg der Wahrheit" machten Schlagzeilen, wurden berühmt.

Berühmt ist Ascona immer noch, und auf dem Monte Verità wird auch an der Wende zum 21. Jahrhundert über Gott und die Welt diskutiert, bei kreuzbiederen Tagungen allerdings. Ausstellungen in der **Casa Anatta** (1902) und in der **Casa Selma** informieren über die Geschichte der Utopien vom Monte Verità (Öffnungszeiten: April bis Juni, September, Oktober Di–So 15–18 Uhr).

Informationen: Ente Turistico Ascona e Losone, Casa Serodine, CH-6612 Ascona; Tel. 091/791 00 90, Fax 792 10 08, Internet: www.ascona.ch

► MORCOTE

| Seehöhe: 272 m | Karte: F 5 |
| Einwohner: 700 | Wanderung: 14 |

Das gehätschelte „Schmuckkästchen" des Tessins gilt als beliebtestes Ausflugsziel am Luganer See: jede/r muss es gesehen haben. Entsprechend groß ist das Gedränge oft unter den malerischen Portici (Lauben) ...

Morcote, bereits 926 als „burgus de Morcoe" erwähnt, war bis zum Bau des Dammes von Melide bedeutendster Umschlagplatz am Luganer See. Obwohl früh vom Tourismus entdeckt, konnten schwerwiegende Eingriffe ins geschlossene,

Tipp

Empfehlenswert ist ein Besuch des **Parco Scherrer** am westlichen Ortsausgang von Morcote, der mit seiner verschwenderischen subtropischen Vegetation und exotischen Bauten (u. a. siamesisches Teehaus, ägyptischer Tempel, Casa Arabia) ein Stück von „1001 Nacht" ans Ufer des Luganer Sees zaubert (geöffnet Mitte März bis Ende Oktober 9–17 Uhr, Juli/August 10–18 Uhr).

sehr malerische Ortsbild verhindert werden. Eine im 18. Jahrhundert angelegte Treppe führt aus dem Dorf hinauf zu dem in Terrassen angelegten Friedhof und zur Pfarrkirche **Santa Maria del Sasso** (338 m) mit prächtigem Campanile (1539). Sie geht im Kernbestand auf das 13. Jahrhundert zurück, wurde nach 1462 und nochmals um die Mitte des 18. Jahrhunderts umgebaut; im Innern gute Renaissancefresken.

Hinter dem Gotteshaus, am Rand der gemauerten Terrasse, steht die dem heiligen Antonius von Padua geweihte Kapelle, ein barocker Kuppelbau mit Säulenportikus (1676).

Informationen: Ente Turistico Ceresio, Via Pocobelli 14, CH-6815 Melide; Tel. 091/649 63 83, Fax 649 56 13

Von Vico Morcote geht der Blick über den Luganer See zum Generos.

MUGGIO, VALLE DI

Seehöhe: 400 – 1100 m	Karte: G 5
Einwohner: 2400	Wanderung 16

Das südlichste Tessiner Tal, von einem Reisenden des 18. Jahrhunderts als „gespaltener Rücken des Generoso" bezeichnet, ist ein besonders reizvoller Winkel des Mendrisiotto. Hoch an seine steilen Flanken schmiegen sich mehrere Haufendörfer. Hauptort ist **Muggio** (653 m) mit einer Spätbarockkirche, höchstgelegener Flecken Scudellate (904 m) ganz hinten am Südhang des Monte Generoso. Spezialität des Tals sind die „formaggini", kleine Ziegenfrischkäse, die mit Salz, Pfeffer und Olivenöl gewürzt werden. Und dazu gehört natürlich ein Glas Nostrano (Hauswein). Buon appetito!

ORTA, LAGO D'

Seehöhe: 290 m	Karte: B 6

Westlich des Mottarone–Massivs, ganz auf Piemonteser Boden, liegt, eingebettet in eine liebliche Hügellandschaft, der 13 Kilometer lange, im Durchschnitt 1,5 Kilometer breite Lacus Cusius der Römer. Entwässert wird er nach Norden, zum Toce hin; ein Hauptanziehungspunkt am See (und im Sommer entsprechend überlaufen) ist der malerische Flecken → **Orta San Giulio**.
Informationen: APT del Lago d'Orta, Via Olina 9/11,
I-28016 Orta San Giulio; Tel. 0322/90 56 14, Fax 90 56 78.

ORTA SAN GIULIO

Seehöhe: 294 m	Karte: B 6
Einwohner: 1200	

Am Fuß seines Sacro Monte, der als Halbinsel in den See hinausragt, liegt das winzige Städtchen Orta San Giulio. Mittelpunkt ist die Piazza mit ihren stattlichen Bauten des 16. bis 18. Jahrhunderts. Besonders ins Auge fallend der **Palazzo della Comunità** (1582 m) mit seinen Arkaden, der hübschen Außentreppe und dem zierlichen Türmchen. Die Hauptsehenswürdigkeit liegt aber auch hier – wie in Stresa – draußen im Wasser: die **Isola di San Giulio**. Optisch wird das Eiland, nur drei Hektar groß, vom ehemaligen Bischofspalast und dem hohen Turm der Basilica di San Giulio dominiert. Die Kirche soll – so zumindest weiss es die

Überlieferung – um 390 von einem Griechen namens Julius gegründet worden sein; der bestehende Bau stammt im wesentlichen aus romanischer Zeit. Innen verdienen vor allem gotische Fresken sowie die Kanzel (um 1140) aus schwarzem Marmor Beachtung.

Von Orta San Giulio führt ein stimmungsvoller Kapellenweg – nach dem Vorbild von Varallo in der Val Sesia angelegt – auf den bewaldeten Rücken des **Sacro Monte** mit seinem Kapuzinerkloster; er vermittelt schöne Ausblicke auf den See und sein Inselchen.

Ausflug: Moderne, nicht alte Kunst zeigt die **Fondazione Calderara** in Armeno (523 m), nur ein paar Kilometer von Orta San Giulio, vor allem Werke des Malers Antonio Calderara (1903–1978), aber auch zahlreiche Arbeiten von Zeitgenossen (Öffnungszeiten: Mai bis Oktober Di–So 10–12, 15–18 Uhr).

Informationen: APT del Lago d'Orta, Via Olina 9/11, I-28016 Orta San Giulio; Tel. 0322/90 56 14, Fax 90 56 78.

▶ PIANELLO DEL LARIO

Seehöhe: 217 m   *Karte: I 3*
Einwohner: 1500

Im Ortsteil Calozzo informiert das Museum **La Raccolata della Barca Lariana** über die Schiffahrt und Fischerei auf dem Comer See (Öffnungszeiten: Juli bis Mitte September täglich 14.30–18.30 Uhr, Ostern bis Juni, Mitte Septmeber bis November Sa, So 10.30–12.30 Uhr).

▶ PIONA, ABBAZIA DI

Seehöhe: 217 m   *Karte: I 3*

Lage: Kloster am linken Ufer des obersten Comer Sees, ein paar Kilometer von Cólico.

Auf der Spitze jener schmalen Landzunge, die den Laghetto di Piona (fast) vom großen See abtrennt, liegt das bereits im 7. Jahrhundert von Cluniazensern gegründete Kloster. Die bestehende Anlage stammt im wesentlichen aus romanischer und gotischer Zeit; die Kirche San Nicolaò – ein Hallenbau mit offenem Dachstuhl – wurde 1138 geweiht, der Kreuzgang 1252–1257 errichtet. Seit bald hundert Jahren bewohnen Zisterzienser die Abtei; sie brennen hinter den Klostermauern einen vorzüglichen Kräuterlikör.

▶ PONTE CAPRIASCA

Seehöhe: 447 m	Karte: F 3
Einwohner:	

Vom Namen sollte sich niemand abschrecken lassen; im **Deserto** bei Origlio ist man bestens aufgehoben. Zum rustikal-gediegenen Ambiente passt der mächtige Grill sehr gut, von dem Signore Testoni knusprig-zarte Köstlichkeiten auf den Teller zaubert. Dazu gehört natürlich ein Tessiner Merlot; im Keller lagern über 50 Sorten (die man auch „über die Gasse" kaufen kann). Komfortabel eingerichtete Zimmer, Hotel und Restaurant ganzjährig geöffnet. Via Tesserete, CH-6945 Origlio-Carnago; Tel. 091/945 12 16, Fax 945 50 72.

Lage: Ponte Capriasca ist ein kleines Dorf auf halber Strecke zwischen Taverne und Tesserete im Hinterland von Lugano.

Nicht das Original, aber eine vorzügliche Kopie von Leonardo da Vincis berühmtem „Letzten Abendmahl" bewahrt die **Pfarrkirche** von Ponte Capriasca. Der unbekannte Künstler hat das Vorbild meisterhaft nachempfunden.

▶ PORLEZZA

Seehöhe: 275 m	Karte: H 4
Einwohner: 4000	

Ferienort am italienischen Ostende des Luganer Sees, etwa auf halbem Weg zwischen Lugano und Menaggio. Lohnend eine Rundfahrt in die Täler von Rezzo und **Cavargna** (30 km), die bemerkenswerte Landschaftsbilder bietet, dem aufmerksamen Beobachter aber auch eine Vorstellung von den aktuellen Problemen so mancher Südalpentäler vermittelt: aufgegebene Almen, Abwanderung der Jugend. Talmuseum (Museo della Valle) in Cavargna (Öffnungszeiten: So 14–17 Uhr).

PREMANA

Seehöhe: 951 m	Karte: J 3
Einwohner: 1800	Wanderung 24

Lage: Bergdorf in der oberen Valvarrone mit Zufahrten von → **Dervio** (204 m) und aus der benachbarten → **Valsássina**.
Wer nur auf die Landkarte schaut, könnte Premana leicht für eines jener „vergessenen" Dörfer halten, von denen es in den italienischen Alpen viele gibt, von der Abwanderung ausgezehrt, vor

sich hindämmernd, dem Verfall preisgegeben. Falsch! Premana, obwohl fast am „End' der Welt" gelegen, ist ein stattliches Bergdorf, man sieht kaum leerstehende Häuser, die Bevölkerungszahl steigt sogar kontinuierlich, und Arbeit gibt es auch im Ort. Bekannt geworden ist Premana durch das Schmiedehandwerk, das eine weit zurückreichende Tradition hat, vor allem in der Herstellung von Sensen und Sicheln. Inzwischen produziert man vor allem Steigeisen und Pickel, und das mit respektablem Erfolg. Interessantes über die Geschichte des Fleckens und seines Handwerks vermittelt ein Besuch im **Heimatmuseum** (Museo Etnografico Comunale) an der Via Roma (Öffnungszeiten: April bis Juli und September/Oktober Sa, So 15–18 Uhr, August täglich 15–18 Uhr).

▶ RANCATE

Seehöhe: 352 m	*Karte: F 5*
Einwohner: 1300	

Typisches Tessiner Dorf, Nachbarort von → **Mendrisio**. Die **Collezione Giovanni Züst** vermittelt einen umfassenden Überblick über die Tessiner Malerei vom 17. bis ins ausgehende 19. Jahrhundert (Öffnungszeiten: März bis Juni, September bis November Di–So 9–12, 14–17 Uhr, Juli/August Di–So 14–18 Uhr).

▶ RIVA SAN VITALE

Seehöhe: 273 m	*Karte: F 5*
Einwohner: 2200	*Wanderung: 15*

Lage: Nachbarort von Capolago (274 m) am (Tessiner) Südende des Luganer Sees.

Geschichte: Nachweislich bereits in prähistorischer Zeit besiedelt, taucht Riva San Vitale erstmals 774 als „Sobenno" in einer Urkunde auf; im Mittelalter war es Seestützpunkt Comos im Kampf gegen die Mailänder, später kam es mit dem Sotto Ceneri unter die Herrschaft der Eidgenossen. Am 26. Februar 1798 erklärte sich der Ort zur unabhängigen Republik, doch wurde die Sezession bereits nach 16 Tagen mit Waffengewalt beendet.

Sehenswert: Wahrzeichen des Dorfes ist **Santa Croce** mit ihrem hohen Turm, weißgelb erstrahlend. Sie gilt als eine der schönsten Renaissancekirchen der Schweiz; Architekt war möglicherweise Pellegrino Tibaldi (1588–1592). Über dem quadratischen Grundriß, aus dem Chor und Seitenkapellen vorspringen, wölbt sich eine monumentale, achteckige Kuppel, getragen von acht Säulen.

Ein einzigartiges Zeugnis frühchristlicher Baukunst bildet das **Baptisterium** (Taufhaus) neben der Pfarrkiche San Vitale. Der kubische, von einem achteckigen Tambour gekrönte Bau geht auf die Zeit um 500 zurück; im Innern blieben Freskenreste erhalten (um 1000 bzw. 12./13. Jh.).

Eine der schönsten Renaissance-kirchen der Schweiz: Santa Croce.

▶ **RONCO SOPRA ASCONA**

| Seehöhe: 350 m | Karte: E 3 |
| Einwohner: 800 | Wanderung 2 |

Prächtiges Belvedere über dem oberen Lago Maggiore mit freier Sicht auf den See und auf seine Bergkulisse. Besonders schön der Blick vom Kirchplatz; in der Kirche **San Martino** u. a. Altargemälde des einheimischen Künstlers Antonio Ciseri (1821–1891).

Informationen: Ente Turistico Brissago e Ronco, Via Leoncavallo, CH-6614 Brissago; Tel. 091/793 11 70, Fax 793 32 44.

▶ **SACRO MONTE SANTI TRINITÀ DI GHIFFA**

| Seehöhe: 370 – 713 m | Karte: D 5 |

Etwa 200 Hektar großes Naturschutzgebiet rund um den Monte Cargiago (713 m), oberhalb des Uferdorfes **Ghiffa** (201 m), mit schönem Baumbestand. Das Ensemble des Sacro Monte geht auf das 17. Jahrhundert zurück. Ein Höhenweg führt an den seeseitigen Abhängen des Monte Carciago zum Dörfchen Cargiago (400 m; 0,75 Std.).

▶ **SAN PIETRO AL MONTE**

| Seehöhe: 662 m | Karte: I 6 |
| | Wanderung 18 |

San Pietro ist eines der bedeutendsten Kunstdenkmale der Comer-See-Region, und dass es in den Bergen liegt, gut eine Wanderstunde oberhalb von Civate, schadet dabei keineswegs; vielmehr sorgt die Distanz zur Straße für eine dem Platz angemessene (relative) Ruhe. Das ganze Ensemble besteht aus der turmlosen, langgestreckten Kirche mit halbrundem Anbau an der Ostseite, von dem eine breite Treppe hinabführt zum Oratorio di San Benedetto; alles im Stil der lombardischen Romanik. Der unverputzte Stein fügt sich harmonisch in die Landschaftskulisse ein. Mehr als tausend Jahre sind an diesen Mauern vorübergegangen; ein Langobardenkönig, Desiderius, soll das Bergkloster gegründet haben, die Mailänder Bischöfe gestalteten es im 11. Jahrhundert um. Dabei wurde der Eingang nach Osten verlegt, um so eine Verbindung mit dem Zentralbau von San Benedetto, ursprünglich wohl Totenkapelle, zu schaffen.

Aus jener Zeit stammen auch Fresken und Stuckschmuck, durch die San Pietro seine herausragende kulturhistorische Bedeutung gewinnt. Die Arbeiten, von mehreren Künstlern ausgeführt, verraten byzantinischen Einfluss. Großartig das Lünettenfresko, den Kampf der Engel mit dem siebenköpfigen Drachen darstellend. Das Ziborium zeigt starke Ähnlichkeit mit Sant'Ambrogio in Mailand; herausragend die Stuckarbeiten eines unbekannten Künstlers. Das Baldachingewölbe über dem Altar ist ausgemalt; in der Krypta blieben neben Freskenresten ebenfalls Stuckaturen erhalten.

▶ SANTA CATERINA DEL SASSO

Seehöhe: 210 m	*Karte: D 5*

Lage: Der Wallfahrtsort liegt am Ostufer des Lago Maggiore, erreichbar über die Straße Sesto Calende – Ispra – Laveno.
Einer der großen romantischen Plätze am Langensee! Ursprünglich Einsiedelei, später Kloster und Ziel von Wallfahrten, ist Santa Caterina del Sasso heute vor allem Touristenattraktion. Der Zugang erfolgt von oben über einen Treppenweg. Man kann sich das in den Steilfels („sasso") gebaute Ensemble allerdings auch vom See aus anschauen (Schiffsanlegestelle) – in diesem Fall

Buchstäblich in den Fels gebaut: Santa Caterina.

durchaus passend, erzählt die Legende doch, dass Santa Caterina auf einen in Seenot geratenen Kaufmann zurückgehe, der den Schwur tat, im Falle einer Rettung den Rest seines Lebens als Einsiedler zu verbringen. Die Katharinenkirche mit ihrem romanischen Turm ist innen fast vollständig ausgemalt; im Hof des Klösterchens steht eine Weinpresse von 1759.

SIGHIGNOLA

Seehöhe: 1314 m	Karte: G 4

Obwohl etwas im Schatten des höheren Monte Generoso (→ **Tour 16**) stehend, bietet die Sighignola ein ähnlich reizvolles Panorama. Im weiten Halbrund entdeckt man (fast) die gleichen Gipfel; faszinierend ist der Tiefblick auf den verwinkelt-gewundenen Alpenfjord des Ceresio, auf die Seebucht von Lugano. Straßenzufahrt vom → **Intelvi**, 5 km ab Lanzo d'Intelvi.

SONVICO

Seehöhe: 597 m	Karte: G 3
Einwohner: 1200	

Stattlicher Flecken mit geschlossenem Ortsbild auf einer Anhöhe über dem Eingang in die Val Colla, umgeben von Kastanienhainen. Hübscher Blick auf Lugano und seinen See, noch umfassender vom hochgelegenen Kirchlein **San Martino** (750 m; 0,5 Std.), das als ältestes Gotteshaus des Tals gilt (11./12. Jh.).
Unterhalb von Sonvico, an der Straße von Lugano herauf, liegt **Dino** (490 m), dessen Kirche San Nazario neben Resten romanischer Fresken ein Kreuzigungsfresko bewahrt, das Bernardino Luini zugeschrieben wird.

▶ STABIO

Seehöhe: 357 m	Karte: F 6
Einwohner: 3300	

Lage: Einziges Thermalbad des Tessins, südwestlich von → **Mendrisio** (5 km) in Grenznähe gelegen.
Besiedelt war die Gegend von Stabio bereits in prähistorischer Zeit, wie zahlreiche Funde belegen. Der Ortsname weist auf eine römische Kavalleriestation hin (stabulum = Stall); im Rathaus sind zwei römische Votivsteine aufgestellt, ein weiterer Inschrift-

stein ist in die Außenmauer der Pfarrkirche (16. Jh.) eingelassen. Dem bäuerlichen Leben von einst widmet sich das **Museo della Civiltà Contandina del Mendrisiotto** (Öffnungszeiten: Di, Do, Sa, So 14–17 Uhr). Wer sich eher fürs Moderne interessiert, wird an der Peripherie des Ortes fündig: Von Mario Botta, dem Tessiner Stararchitekten, stammt die **Casa Rotonda** (1981).

▶ STRESA

Seehöhe: 203 m	Karte: C 5
Einwohner: 5000	

Dass Ruhm vergänglich ist, jeder Glanz irgendwann einmal verblasst, hat auch Stresa, im 19. Jahrhundert eine der ersten Adressen unter den italienischen Kurorten, erlebt. Da blättert der Putz an so manchem der mächtigen Hotelpaläste, in denen einst gekrönte Häupter und berühmte Künstler abstiegen, wo rauschende Feste gefeiert wurden. Tempi passati; heute flaniert das „gemeine Volk" auf der prächtigen Uferpromenade, in der Disco rappt die Jugend, und der Hotelmanager freut sich über Busreisende. Geblieben ist ein Hauch von damals, und natürlich das schönste Gesamtkunstwerk des Lago Maggiore: die → **Borromäischen Inseln**. Aus der „guten alten Zeit" stammt auch der zwanzig Hektar große Park der **Villa Pallavicino** mit seinem Botanischen Garten. Neueren Datums dagegen ist der Zoo auf dem Gelände mit über 40 exotischen Tierarten – ideal für einen Familienausflug (Öffnungszeiten: Mitte März bis Ende Oktober 9–18 Uhr).

Sehenswert in der Umgebung: Stresa hat, was gerne vergessen wird, auch ein interessantes, recht bergiges Hinterland. Auf den **Mottarone** (1491 m), der zu den schönsten Aussichtspunkten der Südalpen überhaupt zählt, führen eine Seilschwebebahn und eine (mautpflichtige) Straße, 21 km ab Stresa. An der Strecke liegt Gignese (707 m) mit seinem originellen **Schirmmuseum** (Museo dell'Ombrello, Öffnungszeiten: April bis September Di–So 10–12, 15–18 Uhr); in der Nähe der Villensiedlung Alpino (768 m) kann man im **Giardino Alpinia** über 700 verschiedene Spezies der Südalpenflora studieren (Öffnungszeiten: April bis Mitte Oktober Di–So 9–18 Uhr).

Informationen: Ufficio Turistico „Città di Stresa", Via Canonica 8, I-28838 Stresa; Tel. 0323/3 01 50, Fax 3 25 61.

TICINO, PARCO DEL

Seehöhe: 80 – 200 m	Karte: D 7

Die Fluss- und Auenlandschaft des Ticino zwischen seinem Abfluss aus dem Lago Maggiore (bei Sesto Calende) und der Stadt Pavia ist Naturschutzgebiet, sie wird allerdings auch als Naherholungszone – vor allem an den Wochenenden – stark genutzt. Dazu zerschneiden Straßen und Bahnlinien den **Parco naturale del Ticino**, in dem zahlreiche selten gewordene Vogelarten nisten, darunter Zugvögel wie die Zwergseeschwalbe (Sterna albifrons).

▶ TREMEZZINA, RIVIERA DELLA

Seehöhe: 200 – 300 m	Karte: H 4/5
Einwohner: 5000	Wanderung 19

Die „Riviera" des Comer Sees liegt zwischen Argegno und → **Menaggio**, ein klimatisch begünstigter, gegen Süden gerichteter Uferstreifen. Hier blüht es besonders früh und üppig, weshalb dieser landschaftlich sehr reizvolle Teil des Lario auch als „Azaleen-Riviera" bezeichnet wird.

Sehenswert: Da ist natürlich zunächst die **Villa Carlotta** (18./19 Jh.) in Tremezzo (225 m) zu erwähnen, die wohl berühmteste der vielen Villen am See mit ihrem einmaligen, in Terrassen angelegten Garten, kostbar ausgestatteten Räumlichkeiten sowie einer interessanten Skulpturen- und Gemäldesammlung. Stimmungsvoll der Blick über den See, auf die Halbinsel von → **Bellagio** und die Felsgipfel der Grigne (Öffnungszeiten: April bis September 9–18 Uhr, März/Oktober 9–11.30, 14–16.30 Uhr).

Wahrzeichen von **Ossuccio** (235 m), das am Eingang in die Val Perlana liegt, ist der originelle Campanile von Santa Maria Maddalena. Der Turm des schlichten romanischen Baus erhielt im 14. Jahrhundert seinen reichgegliederten Aufbau. Über dem stattlichen Flecken erhebt sich die Wallfahrtskirche Madonna di Soccorso (419 m), ein üppig ausgestatteter Bau aus der Barockzeit. Sehr schön der Blick über den bewaldeten, weit in den See hinausragenden Rücken des Dosso di Lavedo (332 m) und auf die → **Isola Comacina**, die einzige Insel des Comer Sees. Eineinhalb Gehstunden weit im abgeschie-

Eigenwillige Gotik: der Turmaufbau von Santa Maria Maddalena.

denen Perlanatal liegt die Kirche San Benedetto (701 m), ein dreischiffiger romanischer Bau (11. Jh.).

Informationen: Ufficio Turistico, Via Regina 3, I-22019 Tremezzo; Tel. 0344/4 04 93.

▶ VAL GRANDE, PARCO NAZIONALE DI

Seehöhe: 400 – 2301 m	Karte: B/C 4
	Wanderungen: 5, 6 und 7

Im Jahr 1991 gegründet, ist das 117 Quadratkilometer große Schutzgebiet jüngster Nationalpark Italiens. Er umfasst im wesentlichen die Val Grande und die Val Pogallo mit ihrem wildzerklüfteten Bergkranz. Einzige Dauersiedlung innerhalb des Parkareals ist das Bergnest Cicogna (732 m), erreichbar über eine schmale, kurvenreiche Zufahrt von Intra via Rovegro (18 km) –

Alpine Wilderness: die Val Grande.

eine Reise in eine andere Welt. Wie schrieb ein Gebietskenner: „Was für ein Gegensatz! Drunten auf Intras Ufermeile stauen sich die Autos, rund um die kuppelgekrönte Basilika San Vittore herrscht geschäftiges Treiben, Baumaschinen rattern, Stechuhren zerlegen die Zeit, messen Leistung. Und keine zehn Kilometer landeinwärts ist man ganz allein, allein in einer menschenleeren Wildnis, nur das Rauschen des Bachs im Ohr, einen weitgespannten Himmel über sich: die Val Grande, ultimo paradiso, fern jeder Zivilisation."

Innerhalb des Parks bleibt die Natur weitgehend sich selbst überlassen; lediglich ein markierter Steig führt aus der Valle Vigezzo über die Bocchetta di Vald (1822 m) ins Kerngebiet, zum Forsthaus In la Piana (959 m).

Der Weg vom Ponte Casletto (411 m) an der Straße nach Cicogna durch das untere Val Grande zum Ponte Velina (470 m) ist seit einigen Jahren nicht mehr begehbar!

Informationen: Parkverwaltung, Tel. 0323/55 79 60, Fax 55 63 97.

▶ VALSÁSSINA

Seehöhe: 500 – 723 m	Karte: I/J 4

Obwohl nur ein paar Kilometer von den Gestaden des Lario entfernt, ist die Valsássina ganz anders: eine ausgeprägt alpine Tal-

Wer nicht nur die Landschaft, sondern auch die Küche der Valsássina kennenlernen möchte, dem sei ein Abstecher nach Crandola (765 m) oberhalb von Taceno empfohlen: Im Ristorante **Da Gigi** wird nach einheimischen Rezepten gekocht – lecker! Piazza IV Novembre 4, I-23832 Crandola Valsássina; Tel. 0341/84 01 24. Übrigens: Man kann bei „Gigi" auch übernachten.

schaft, umrahmt von hohen Bergen. Folgerichtig trifft man hier vor allem auf Wanderer und Bergsteiger; auf den Piani di Bobbio oberhalb von Barzio (767 m) und am Pian delle Betulle bei Margno (730 m) wird im Winter auch fleißig gewedelt.

Geschichte: Besiedelt war die Valsássina bereits in vorgeschichtlicher Zeit; in der benachbarten Valvarrone begann schon mit den Römern der Eisenerzabbau. Im Mittelalter schlossen sich die Orte dann zur „Magnifica Comunità della Valsassina" zusammen, um so ihre weitgehende Eigenständigkeit zu wahren. Bis in die Zeit der spanischen Herrschaft blühte der Bergbau; vom 17. Jahrhundert an führten Familienfehden, Pestepidemien, aber auch Einfälle fremder Truppen (wie jener des französischen Herzogs Rohan in Graubündner Diensten) zum Niedergang. Erst verhältnismäßig spät, seit dem 19. Jahrhundert, breitete sich die Käseherstellung mehr und mehr aus. Heute genießen die Produkte einen vorzüglichen Ruf. Positive Nebenwirkung: eine zumindest teilweise noch intakte Almwirtschaft, ganz im Gegensatz zu anderen Regionen rund um die oberitalienischen Seen.

Historischer Hauptort der Valsássina, die sich vom Colle Balisio (723 m) nach Norden bis zur Mündungsschlucht des Talbachs, der Rio Pioverna, erstreckt, ist **Introbio** (588 m), wie der Nachbarort Primulana (558 m) mit guten Tourenmöglichkeiten. Von Cortenova (477 m) bzw. Parlasco führt eine aussichtsreiche Höhenstraße um die nördlichen Ausläufer der Grigne herum nach → **Ésino** (20 km); ihren höchsten Punkt erreicht sie am Sasso di San Defendente (1321 m).

▶ VARENNA

Seehöhe: 220 m *Karte: 14*
Einwohner: 1000

Besuchenswertester Flecken am Ostufer des Comer Sees, weitgehend vom Autoverkehr befreit. Der alte Ortskern mit seinen verwinkelten Gässchen steigt über dem Seeufer an zur Pfarrkiche **San Giorgio**, die im Kern aus dem 14. Jahrhundert stammt, später

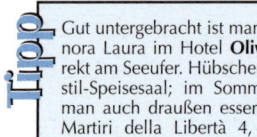

Gut untergebracht ist man bei Signora Laura im Hotel **Olivedo**, direkt am Seeufer. Hübscher Jugendstil-Speisesaal; im Sommer kann man auch draußen essen. Piazza Martiri della Libertà 4, I-23819 Varenna; Tel./Fax 0341/83 01 15.

allerdings mehrere Umbauten erlebte (gute Ausstattung). Im Haus der „Pro Loco" ist das **Museo Ornitologico** untergebracht; es zeigt über 300 in der Region heimische Vogelarten (Öffnungszeiten: Juni bis September Di, Do, Sa 15–18 Uhr, So 10–12 Uhr, Oktober bis Mai So 10–12 Uhr). Hoch über dem Flecken liegen auf einer aussichtsreichen Anhöhe (Fußweg 0,5 Std.) die Ruinen einer alten Burg, möglicherweise mit römischen Fundamenten.

Südlich vor dem Ort verdient die **Villa Monastera** mit ihrem herrlichen Garten einen Besuch. Zu Beginn des 13. Jahrhunderts als Nonnenkloster gegründet, dient der mehrfach umgestaltete Bau heute als Tagungszentrum (Öffnungszeiten: Garten April bis Oktober zugänglich).

Eine Sehenswürdigkeit ganz anderer Art bildet der **Fiumelatte**, gelegentlich als der „kürzeste Fluss Italiens" apostrophiert. Er entspringt nur knapp oberhalb des gleichnamigen Weilers (2 km südlich von Varenna) und mündet nach 250 Metern in den See. Und das nicht einmal während des ganzen Jahres; im Frühsommer, nach der Schneeschmelze in den Grigne, schwillt der „Milchbach", den bereits Leonardo da Vinci in seinem „Codice Atlantico" erwähnte, zwar mächtig an; im Spätherbst dagegen ist er meist nur mehr ein recht kümmerliches Rinnsal, nach längeren Trockenperioden kann er auch ganz versiegen.

Fährverbindungen (Ferry) mit Bellagio, Cadenabbia und Mengaggio.

Informationen: Pro Loco, Via Venini 6, I-23829 Varenna; Tel. 0341/83 03 67, Fax 83 12 03.

VARESE

Seehöhe: 382 m	Karte: E/F 6
Einwohner: 95 000	

Lage: Die Provinzhauptstadt liegt am südlichen Alpenrand, etwa auf halber Strecke zwischen → **Como** im Osten und Sesto Calende im Westen. Sie hat die Bergketten des Varesotto im Rücken; nach Süden hin breitet sich eine liebliche, von eiszeitlichen Gletschern geprägte Moränenlandschaft aus. Eine Hinterlassenschaft jener Epoche ist auch der 8,5 Kilometer lange, bis zu 4 Kilometer breite Lago di Varese (238 m).

Geschichte: Im Gegensatz zu Como spielte Varese, eine gallorömische Gründung, in der Geschichte der Lombardei keine Rolle. Es gehörte im Mittelalter zum Herrschaftsbereich von Castelseprio, kam nach dessen Fall im Jahr 1287 an Mailand.

Varese, das ist mehr Gegenwart und Zukunft als Vergangenheit. Die Stadt hat ihre Einwohnerzahl

Am Sacro Monte von Varese.

seit den fünfziger Jahren verdoppelt, Industrie und Dienstleistungsbetriebe siedelten sich hier an, und das Pro-Kopf-Einkommen gehört im Landesvergleich zur Spitzengruppe – eine echte italienische Erfolgsstory. Ein Urlaubsort ist Varese deshalb allerdings nicht geworden, obwohl es – der zahlreichen Villen und Parks wegen – gelegentlich als Gartenstadt bezeichnet wird.

Sehenswert: Den Mittelpunkt des alten Varese markiert unübersehbar der elegante, 77 Meter hohe Campanile der Stadtkirche **San Vittore**. Das Gotteshaus entstand 1580–1615 nach Plänen von Pellegrino Tebaldi; seine Fassade in klassizistischen Formen erhielt es allerdings erst 1788. Das Baptisterium hinter der Kirche stammt aus romanischer Zeit (1185).

Von San Vittore sind es bloß ein paar Schritte zur **Piazza Monte Grappa**, deren Architektur aus den dreißiger Jahren stammt – und so wirkt sie auch. Dafür kann man unter den hohen Arkaden („le Corti") sogar bei Regen trockenen Fußes fesche Klamotten, Parfums und so allerlei für den verwöhnten Gaumen kaufen.

Nichts zu kaufen, dafür eine kleine Überraschung gibt es in den nahen **Giardini Estensi**:

Auf dem Weg von Varese ins Mendrisiotto empfiehlt sich – vor allem im Frühling – ein Zwischenhalt in Cantello (404 m), knapp vor der schweizerischen Grenze. Bekannt ist der Flecken nämlich für seinen Spargel, und die besten Gerichte bietet die **Osteria Nerito**: Spargel als Raviolifüllung, Spargel mit Nudeln oder Risotto. Daneben gibt es lombardische Spezialitäten wie Bollito misto, Brasato mit Pilzen, dazu ein reiches Käseangebot und ordentliche Weine – alles zu vertretbaren Preisen. Osteria Nerito, Via Roma 4; Tel. 0332/41 78 02.

Garten und Schloss (Palazzo Estense) sind der Wiener Schlossanlage Schönbrunn (einem barocken Schlossbau aus den Jahren 1695–1713; Baumeister: J. B. Fischer von Erlach) nachempfunden, allerdings „en miniature". Erbaut wurde das hübsche Ensemble zwischen 1766 und 1773, und zu jener Zeit gehörte die Lombardei noch zum k. u. k. Österreich.

An den Park grenzt südlich ein weiterer Garten mit der Villa Mirabello, heute **Städtisches Museum** (Museo Civico). Neben der Gemäldegalerie, die vor allem Arbeiten lombardischer Meister zeigt, sind die vorgeschichtlichen Funde vom Lago di Varese (Isolino Virginia) sehenswert (Öffnungszeiten: Di–Sa 9.30–12.30, 14–17.30 Uhr, So 9.30–12.30 Uhr).

Viel Grün entdeckt man auch auf den Hügeln, die Varese umgeben, meistens mit stattlichen Villen. Herausragend die **Villa Ponti** in Biume Superiore, ein in historischem Stil gehaltener Bau des 19. Jahrhunderts; die **Villa Panza** ist innen ein einziger Ausdruck „of modern art", in den siebziger Jahren gestaltet von amerikanischen Künstlern. Besichtigung nur nach Voranmeldung möglich, Tel. 02/5 39 05 41.

Die Hauptsehenswürdigkeit von Varese liegt weit außerhalb der Stadt, auch hoch über ihren Dächern: der **Sacro Monte**. Trotz unvermeidlichem Souvenirkitsch und einigen hässlichen Zubauten neueren Datums vermittelt der Weg auf den „Heiligen Berg" – von der Prima Cappella (585 m) bis zur Wallfahrtskirche Santa Maria del Monte (880 m) ein starkes Erlebnis, fügt sich die Architektur doch harmonisch in die Landschaft ein. Die 14 prunkvollen vier- und achteckigen Kappellen wurden nach Plänen des Einheimischen Giuseppe Bernascone erbaut (Anfang 17. Jh.). In der **Casa Poliaghi**, gegenüber der vierzehnten Kapelle, ist ein kleines Museum mit Gemälden, historischen Dokumenten und archäologischen Funden untergebracht (Öffnungszeiten: z. Zt. geschlossen).

Ausflug: Beliebtestes Nahausflugsgebiet von Varese ist der **Monte Campo dei Fiori** (1227 m), ein langgestreckter, größtenteils bewaldeter Bergrücken. Zufahrt von der Stadt (11 km), zahlreiche markierte Wanderwege.

Informationen: APT del Varesotto, Via Ippodromo 9, I-21100 Varese; Tel. 0332/25 20 31, Fax 25 22 81, Internet: www.provincia.varese.it.

▶ VERBANIA

Seehöhe: 197 m	*Karte: C/D 5*
Einwohner: 32 000	

Der größte Ort am Lago Maggiore ist Verbania, bestehend aus dem städtisch-geschäftigen **Intra** und **Pallanza**, einem Urlaubsort von leicht verstaubtem Charme. Fährverbindung Intra – Laveno (Ferry, ganzjährig in Betrieb). Einzigartig der 16 Hektar große Park der **Villa Taranto** mit seiner überwältigenden Vielfalt exotischer Pflanzen, ein Erlebnis zu (fast) jeder Jahreszeit. Berühmt sind die herrlichen Buchenbestände; im Mai blühen hier 500 verschiedene Rhododendronarten. Gestaltet wurde der Park von dem Schotten Neil McEcharan, der das Anwesen 1931 erwarb und es nach seinem Tod dem italienischen Staat vermachte (Öffnungszeiten: April bis Oktober täglich 8.30 – 18.30 Uhr).

Das einzige bedeutende Kulturdenkmal von Verbania stand ursprünglich „auf der grünen Wiese": **Madonna di Campagna**. Heute grenzt das Renaissance-Gotteshaus mit seiner originellen achteckigen Kuppel und dem hohen romanischen Campanile (1519–1527) an ein hässliches Industriegebiet.

Schönste Kirche von Verbania: Madonna di Campagna.

In der Umgebung: „Hausberg" von Verbania ist der **Monte Rosso** (693 m), dessen Gipfel einen Prachtblick auf den Lago Maggiore bietet (1,5 Std. zu Fuß, knackige Bikerstrecke). Naturfreunde zieht's ins → **Val Grande**; lohnend auch ein Besuch des Reservats an der Tocemündung: das 360 Hektar große Ried- und Sumpfgebiet ist Lebensraum zahlreicher selten gewordener Pflanzen und Tiere. In der **Riserva naturale dei canneti di Fondotoce** nisten zahlreiche Zugvögel.

Informationen: Ufficio Turistico, Corso Zanitello 3, I-28922 Verbania; Tel./Fax. 0323/50 32 49.

▶ VERSCIO

Seehöhe: 274 m	*Karte: E 2*
Einwohner: 250	*Wanderung 1*

Dorf im Pedemonte, 7 km westlich von → **Locarno** an der Strecke ins Centovalli, mit malerisch-verwinkeltem Ortskern. In der barocken Pfarrkirche **San Fedele** romanische und spätgotische Fresken des Vorgängerbaus.

Vorherige Doppelseite: So bauten die Alten: Dachlandschaft.

▶ ANREISE

Mit der Bahn: Hauptverbindung zwischen der Nordschweiz und dem Tessin ist die berühmte Gotthardlinie; über sie geht auch der größte

> **Tipp**
>
> **Swiss Card**. Sie bietet freie Fahrt ab Grenze zum Zielort, dazu beliebig Fahrten in der Schweiz zum halben Preis (Bahn, Schiff, Postbus) während eines Monats.

Teil des Bahnverkehrs aus dem süddeutschen Raum: Basel/Zürich – Luzern – Gotthardtunnel – Bellinzona – Lugano – Chiasso – Como – Milano. Weniger stark frequentiert ist die Lötschberg-Simplon-Strecke, die von Bern über das Wallis zum Lago Maggiore führt.

Mit dem Auto: Auch hier ist der Gotthard bzw. sein Tunnel Nummer 1, allerdings auch in den Stau-Charts. Vor allem an Ferien-

Wochenenden kann bereits die Anfahrt aus Süddeutschland zur Geduldsprobe werden; als Ausweichrouten bietet sich weiter östlich die San-Bernardino-Strecke an. Wer zum Comer See will, fährt am besten über den Splügenpass an oder – falls er aus Bayern kommt – durchs Engadin und über den Malojapass: nicht unbedingt schnell, aber dafür landschaftlich sehr schön.

Am Lötschbergtunnel (Kandersteg – Goppenstein) besteht ein

Urbane Landschaft: Gravellona, die Autostrada und der Lago Maggiore.

Autoverlad; so kommt man meistens ohne ungewollte Verzögerungen aus der Region Bern an den Lago Maggiore.

Informationen: TCS (Touring-Club der Schweiz), Rue Pierre Fatio 9, CH-1211 Genève; Tel. 022/737 12 12. ACS (Automobil-Club der Schweiz), Wasserwerkstraße 39, CH-3000 Bern; Tel. 031/311 77 22.

Mit dem Flugzeug: Einziger internationaler Flugplatz im Zielgebiet ist Lugano-Agno mit täglicher Verbindung nach Deutschland (direkt ab München). „Fly Rail Baggage" ermöglicht einen Gepäcktransport direkt zum Zielort in der Schweiz; bei der Rückreise ist dies bereits ab Bahnhof möglich.

▶ AUTOBAHNEN

Wer die Schweizer Autobahnen benützt, darf dies nicht ohne eine Vignette tun, sonst riskiert er saftige Strafen; Die Vignette kann bei der Post, beim ADAC oder an den Grenzen gekauft werden, kostet sfr. 40.- und ist ein Kalenderjahr gültig (genau vom 1.12. bis 31.1. des übernächsten Jahres).

Auf italienischen Autobahnen ist grundsätzlich Maut zu bezahlen; ausgenommen sind davon die Schnellstraße bzw. Autobahn vom Lago Maggiore (Westufer) ins Ossola und die Comer-See-Ostufer-Autobahn.

▶ BADEN

Nachdem es noch in den achtziger Jahren Badeverbote (wegen Wasserverschmutzung) gab, ist inzwischen eine Verbesserung der Wasserqualität, vor allem des Luganer Sees, festzustellen. Allerdings besteht vor allem bei den italienischen Ufergemeinden noch ein großer Nachholbedarf, was die Klärung der Abwässer betrifft.

▶ BAHN- UND BUSFAHREN

In der Schweiz ist der öffentliche Verkehr bestens organisiert; die Züge fahren im Stundentakt (und legendär pünktlich), alle Bus- und Bahnfahrpläne sind aufeinander abgestimmt. Wer länger im Tessin unterwegs ist, sollte eines der angebotenen Abonnements erwerben – es lohnt sich! Der **Swiss Pass** bietet freie Fahrt mit Bahn, Schiff und Postbus, erhebliche Ermäßigung bei Bergbahnen (Gültigkeitsdauer vier Tage bis ein Monat). Ähnlich vorteilhaft ist das **Ferienabonnement**, das es für die Regionen Locarno/Ascona und Lugano gibt.

Buslinien verbinden die (italienischen) Ortschaften rund um Lago Maggiore und Comer See. Gut ausgebaut ist das Busnetz auch im Varesotto; mehr Probleme macht oft die Anreise ins Hinterland der Seen. Kleinere Dörfer besitzen oft keine oder nur schlechte Busverbindungen.

▶ BANCOMAT

Bargeld-Automaten findet man mittlerweile in fast allen Orten – sehr praktisch, wenn man seine persönliche Geheimnummer nicht vergessen hat…

▶ BEHINDERTE

Auskünfte über geeignete Ferienunterkünfte (Hotels u. a.) im Tessin bekommt man beim Schweizerischen Invalidenverband, Postfach, CH-4600 Olten; Tel. 062/212 12 62.

▶ BERGHÜTTEN

Die Oberitalienischen Seen liegen größtenteils noch in den Alpen; der höchste Gipfel am Comer See (Monte Legnone, 2609 m) ist höher als etwa der Säntis oder die Ellmauer Halt im Wilden Kaiser. Zwischen der Val Grande und den Grigne gibt es zahlreiche bewirtschaftete Berghütten, daneben auch einige (stets zugängliche) Biwaks. Öffnungszeiten und Telefonnummern bei den entsprechenden Wandervorschlägen.

Raum ist in der kleinsten Hütte.

▶ CAMPING

Rund um die Seen gibt es zahlreiche, überwiegend gut eingerichtete Campingplätze. Verzeichnisse bzw. Infos über die regionalen bzw. örtlichen Tourismusorganisationen (→ **Informationen**).

▶ DEVISENBESTIMMUNGEN

Die Ein- und Ausfuhr von Zahlungsmitteln unterliegt in der Schweiz wie im EU-Raum keinen Beschränkungen.

▶ DIPLOMATISCHE VERTRETUNGEN

Deutschland: Via Soave 9, CH-6900 Lugano; Tel. 091/922 78 82. Via Solferino 40, I-20121 Milano; Tel. 02/655 44 34.
Österreich: Via Pretorio 7, CH-6900 Lugano; Tel. 091/923 56 81. Via Tranquillo Cremona 27, I-20145 Milano; Tel. 02/481 20 66.
Schweiz: Via Palestro 2, I-20121 Milano; Tel. 02/76 00 92 84.

▶ EINREISE

Touristen aus EU-Ländern benötigen für die Einreise in die Schweiz einen Reisepass/Personalausweis. Für Kinder bis 16 Jahre ist ein Kinderausweis erforderlich (sofern sie nicht im Pass der Eltern eingetragen sind).

ELEKTRIZITÄT

Wer kennt den Ärger mit Steckern/Steckdosen nicht? Nachdem zwanzigjährige Bemühungen, innerhalb der EU einen Euro-stecker durchzusetzen, gescheitert sind, werden sich wohl noch Generationen auf ihren Reisen mit Adaptern behelfen müssen. Netzspannung einheitlich 220 Volt Wechselstrom.

FAHRRÄDER

Fahrräder kann man im Tessin an den größeren Bahnhöfen, aber auch bei vielen Sportgeschäften mieten. Die größeren Ferienorte am italienischen Lago Maggiore und am Comer See verfügen ebenfalls über Verleihstellen.

FEIERTAGE

Im Tessin gelten die folgenden Feiertage:
1. Januar, Karfreitag, Ostermontag, Christi Himmelfahrt, Pfingstmontag, Fronleichnam, 1. August (Nationalfeiertag), 15. August (Mariä Himmelfahrt), 1. November, 8. Dezember, 25. und 26. Dezember.

Italien: 1. Januar, 6. Januar, Ostermontag, 25. April (Tag der Befreiung), 1. Mai, 1. Sonntag im Juni, 15. August, 1. November, 1. Sonntag im November, 8. Dezember, 25. und 26. Dezember.

FESTE / VERANSTALTUNGEN

Der Veranstaltungskalender verzeichnet zahlreiche bedeutende kulturelle Veranstaltungen. Einige Beispiele: **New Orleans Jazz** in Ascona (Juni), **Estival Jazz** in Lugano (Ende Juni/Anfang Juli), das **Internationale Filmfestival** von Locarno (August), die **Settimane Musicale** in Stresa (August/September) und in Ascona (Ende August bis Mitte Oktober). Fasching (Carnevale) wird in Lugano und Ascona mit Risottoessen und Musik gefeiert. Unbedingt sehenswert sind die Osterprozessionen in Mendrisio, ein großes Spektakel das Seenachtfest von Lugano (Ende Juli). Im Herbst finden in den Weinbauregionen Winzerfeste statt, gegen Ende Oktober trifft man sich in vielen Bergdörfern zur „Castagneda" (Kastanienfest).

▶ GELD

Bis zur Einführung des Euro bezahlt man in Italien noch mit Lire. Richtwert: 1 DM entspricht etwa 1000 Lit.
Da die Schweiz nicht Euroland ist, gilt hier weiterhin der (harte) Franken: 1 sfr. entspricht etwa 1,22 DM (Stand Januar 2000).

▶ GESUNDHEIT

Wer nichts riskieren will, schließt für die Dauer des Aufenthalts im Ausland eine (recht preisgünstige) Reisekrankenversicherung ab. Ärztliche Leistung in der Schweiz oder in Italien müssen meistens bar bezahlt werden. Stets eine detaillierte Rechung verlangen, damit es bei der Rückerstattung zu Hause keine Probleme gibt!

▶ GOLF

In der Umgebung der großen Seen kann man auf zahlreichen, meist landschaftlich sehr schönen Plätzen einlochen, u. a. bei Ascona, Locarno, Lugano, Stresa, Premeno, Menaggio.

▶ HAUSTIERE

Hunde und Katzen dürfen nur mit, wenn ein tierärztliches Gesundheitszeugnis (mindestens ein Monat, höchstens ein Jahr alt) vorliegt. In Italien gilt für Hunde Maulkorb- und Leinenzwang.

▶ HOTELS

Zimmer mit Bad?

Das Angebot rund um die Seen ist groß. Wer vor allem zum Wandern in die Gegend kommt, meidet mit Vorteil die großen Touristenzentren. Auch Mittelklassehotels in kleineren Orten verfügen in der Regel über eine gute Ausstattung, sind zudem eher kinderfreundlich, handelt es sich doch meistens um Familienbetriebe. Eine Auswahl empfehlenswerter Unterkünfte findet man bei den Wanderungen und im Kapitel „Sehenswürdigkeiten

von A bis Z". Detaillierte Infos über alle Unterkünfte bekommt man bei den Tourismusverbänden → **Informationen.**

▶ INFORMATIONEN

Tessin: In Deutschland bei Schweiz-Tourismus,
60311 Frankfurt/M., Kaiserstraße 23; Tel. 069/2 56 00 10,
Fax 2 56 01 38, Internet: www.switzerlandtourism.ch.
In Österreich bei Schweiz-Tourismus, Kärntner Straße 20,
A-1015 Wien; Tel. 01/5 12 74 05, Fax 5 13 93 35.
In der Schweiz bei Ticino Turismo, Villa Turrita, C.P. 1441,
CH-6501 Bellinzona; Tel. 091/825 70 56, Fax 825 36 14,
Internet: www.tourism-ticino.ch.
Italien: In Deutschland, Österreich und der Schweiz bei den
Staatlichen Italienischen Fremdenverkehrsämtern (ENIT):
10178 Berlin, Karl-Liebknecht-Straße 34; Tel. 030/231 46 9 17,
Fax 23 14 69 21. 60329
Frankfurt/M., Kaiserstraße 65; Tel. 069/23 74 30,
Fax 23 28 94. 80336
München, Goethestraße 20; Tel. 089/53 03 69, Fax 53 45 27.
1010 Wien, Kärntner Ring 4; Tel. 01/5 05 16 39, Fax 505 02 48.
8001 Zürich, Uraniastraße 32; Tel. 01/211 36 33,
Fax 211 38 85.
Detailliertere Auskünfte liefern die regionalen Tourismusorganisationen vor Ort (Azienda di Promozione Turistica).
APT del Lago Maggiore, Via P. Tomaso, I-28838 Stresa;
Tel. 0323/3 04 16, Fax 93 43 35.
APT del Varesotto, Via Ippodromo 9, I-21100 Varese;
Tel. 0332/28 46 24, Fax 23 90 70.
APT del Comasco, Piazza Cavour 17, I-22100 Como;
Tel. 031/330 01 11, Fax 26 11 52.
APT del Lecchese, Via N. Sauro, I-23900 Lecco;
Tel. 0341/36 93 90, Fax 28 62 31.
Örtliche Auskunftsstellen sind bei den Wanderungen und im Kapitel „Sehenswürdigkeiten von A bis Z" aufgelistet.

▶ JUGENDHERBERGEN

Informationen über Jugendherbergen und günstige Gruppenunterkünfte bekommt man bei den regionalen Tourismusorganisationen → **Informationen.**

KLETTERN

Bedeutendstes Kletterrevier der Region sind die Grigne mit zahl-losen Routen aller Schwierigkeitsgrade; gute Möglichkeiten bie-tet auch der Resegone, eher Klettergartencharakter haben die Routen an den Denti della Vecchia bei Lugano.

KREDITKARTEN

In den meisten Hotels und Restaurants, auch in vielen Geschäf-ten sowie an den Tankstellen kann man mit den gängigen Kredit-karten bezahlen.

KRIMINALITÄT

Auf dem Land muss man kaum, in den Städten und großen Tou-ristenzentren schon eher mit Kleinkriminalität rechnen. Also kei-ne Wertsachen oder Dokumente im Auto liegen lassen, Schmuck und ähnliches gehört in den Hotelsafe.

MIETWAGEN

In allen bedeutenden Tou-ristenorten und in den Städ-ten gibt es Autovermietun-gen; bei den international tätigen Firmen kann man auch vor Antritt der Reise buchen.

NOTRUFE

In der Schweiz Polizei Tel. 117, Feuerwehr Tel. 118, Pannen-dienst 140;
in Italien Polizei 112 und 113, Feuerwehr 115, Pannenhilfe 116.

ÖFFNUNGSZEITEN

Banken: In der Schweiz Mo–Fr 8.30–12, 14–16.30 Uhr (in Städten auch durchgehend); in Italien Mo–Fr 8.30–13.30, 15–16 Uhr.
Geschäfte: In der Schweiz Mo–Fr 8–12.30, 13.30–18.30, Sa 8–12.30, 13.30–17 Uhr, Do bis 21 Uhr (Abweichungen mög-lich, Einkaufszentren sind durchgehend geöffnet); in Italien nor-malerweise 9–13, 16–19.30 Uhr.

Post: In der Schweiz in größeren Orten Mo–Fr 7.30–12, 13.45–18 Uhr, Sa 8–11 Uhr; in Italien Mo–Fr 8.45–13.30, Sa 8.45–11 Uhr.

▶ PENDLER

Im Tessin sind zigtausend Italiener beschäftigt, vor allem in der Industrie und in der Gastronomie. Aus diesem Grund verzeichnen die Grenzstraßen jeweils frühmorgens und gegen Abend viel Verkehr, teilweise mit veritablen Staus, z.B. Richtung Porlezza. Wegen der teilweise schlechten Straßenverhältnisse ist es in der italienischen Nachbarschaft sogar schon zu Protestaktionen gekommen.

▶ POSTGEBÜHREN

Schweiz: Briefe oder Postkarten ins Ausland (maximal 20 g) 90 Rp. bzw. (eilige Sendung, Vermerk „A") 1.10 sfr. **Italien:** Briefe/Postkarten ins EU-Ausland 800 Lit., in die Schweiz 900 Lit.

▶ SCHIFFFAHRT

Auf den drei großen Seen (Lago Maggiore, Luganer und Comer See) verbinden Kursschiffe die wichtigen Uferorte; im Sommer verkehren auch Ausflugsschiffe. Daneben gibt es Autofähren: am Lago Maggiore zwischen Intra und Laveno, am Comer See zwischen Cadenabbia/Menaggio, Bellagio und Varenna.

Immer wieder reizvoll: eine Schifffahrt auf den großen Seen.

▶ SEGELN / SURFEN

Alle größeren Uferorte haben Segel- und Surfschulen. Daneben ist auch Wasserski fahren recht beliebt. Infos durch die örtlichen Tourismusorganisationen.

▶ STRASSENZUSTAND

Infos über die Verhältnisse auf den Schweizer Alpenstraßen gibt es unter der Tel.-Nr. 163.

▶ TELEFON

Öffentliche Telefone funktionieren überwiegend nur noch mit Telefonkarten (in Italien „scheda telefonica"). Erhältlich in der Schweiz bei jedem Postamt, in Italien in den „Tabacchi". Vorwahlen für Deutschland 0049, für Österreich 0043, für die Schweiz 0041. Wichtig: Wer in Italien anruft, muss stets die Null der Gebietsvorwahl mitwählen!

▶ TREIBSTOFFPREISE

Benzin ist in der Schweiz deutlich billiger als in Deutschland, in Italien dafür teurer. Viele Tankstellen haben auf Geld- oder Kreditkarten-Automaten umgestellt. Es empfiehlt sich deshalb, stets ein paar 10- oder 20-Franken- und 10 000-Lire-Scheine dabei zu haben.

▶ TRINKGELDER

Grundsätzlich ist die Bedienung im Preis inbegriffen; doch freut sich das (meist schlecht bezahlte) Personal in der Gastronomie natürlich über jedes Trinkgeld. Bei einem aufmerksamen Service im Restaurant sind etwa 10 % des Rechnungsbetrages durchaus angemessen.

▶ VERKEHRSREGELN

Schweiz: Erlaubte Höchstgeschwindigkeit in Ortschaften 50 km/h, außerorts 80 km/h, auf Autobahnen 120 km/h. Für Fahrzeuge mit Anhänger gilt maximal 80 km/h. Auf Bergstrecken hat grundsätzlich der bergwärts Fahrende Vorrang; einzige Ausnahme bil-

caduta massi

den die gelben Postbusse, die immer Vorfahrt haben. Promillegrenze 0,8. In der Schweiz werden verhältnismäßig häufig Ver-
kehrs- und Geschwindigkeitskontrollen durchgeführt!
Italien: In geschlossenen Ortschaften 50 km/h, außerorts 90
km/h, auf Schnellstraßen 110 km/h, auf Autobahnen 130 km/h.
Promillegrenze 0,8.

▶ WANDERKARTEN

Für die italienischen Bergregio-
nen um den Lago Maggiore und
den Comer See ist man auf die
50 000er Karten von Kompass
angewiesen: aktuell, aber nicht
immer sehr genau. Man be-
kommt sie vor Ort in Buchhand-
lungen, Sportgeschäften und Ki-
osken. Im Tessin geben die regionalen Tourismusverbände gute Wanderkarten auf Basis
der Schweizer Landeskarte
(1:25 000 bzw. 1:50 000) heraus.

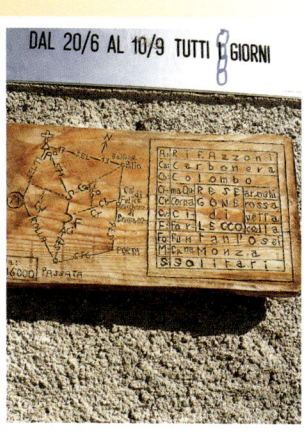

▶ WETTERBERICHT

Die beste Wettervorhersage für die Region der Oberitalienischen
Seen liefern die Prognosen der Schweizer SMA, Tel. 061/162
(von Italien 0041/61 162).

▶ ZEITUNGEN

Im Tessin bekommt man fast überall die großen deutschsprachi-
gen Zeitungen des Landes wie „Blick" oder „Tages Anzeiger"; in
den bedeutenden Touristenorten an den Seen auch deutsche
Tageszeitungen sowie Magazine.

▶ ZOLL

Die Schweiz gehört der EU nicht an; deshalb sind Einfuhren in
die Nachbarländer zu verzollen. Zollfreigrenzen pro erwachsene
Person: 200 Zigaretten oder 50 Zigarren oder 250 g Tabak, 1 Liter
Spirituosen (über 22 %), 2 Liter Wein und Geschenke bis zum
Gegenwert von 350 DM bzw. 2500 öS.

REGISTER

DER AUTOR

Eugen E. Hüsler, geb. 1944 in Zürich, veröffentlicht Reiseführer über Alpenländer, Wander- und Klettersteigführer sowie Bildbände. Inzwischen sind es über 30 Titel. Seit 25 Jahren ist er in den Alpen unterwegs, vor allem wandernd, gerne auch mit dem Seil, ohne ein Extremer zu sein. Eugen E. Hüsler lebt seit 1983 in Bayern. Bei Bruckmann erschien zuletzt von ihm der »Bergwanderatlas Alpen«.

Eine Produktion des **Bruckmann**-Teams, München
Lektorat: Walter Theil und Georg Steinbichler

Kartographie: Elsner & Schichor, Karlsruhe;
Geländedarstellung der Detailskizzen: Eugen E. Hüsler.

Titelfoto: Locarno am Lago Maggiore (Foto: Bildagentur Huber / Ripani).
Umschlagrückseite: Im innersten Coderatal (Foto: Eugen E. Hüsler).
Alle Fotos im Innenteil von Eugen E. Hüsler.

Alle Angaben dieses Werkes wurden vom Autor sorgfältig recherchiert und auf den aktuellen Stand gebracht sowie vom Verlag auf Stimmigkeit geprüft. Für die Richtigkeit der Angaben kann jedoch keine Haftung übernommen werden. Für Hinweise und Anregungen sind wir jederzeit dankbar. Bitte richten Sie diese an den Bruckmann Verlag GmbH, Lektorat, Nymphenburgerstr 86, 80636 München.

Gedruckt auf chlorfrei gebleichtem Papier

Die Deutsche Bibliothek - CIP-Einheitsaufnahme

Ein Titeldatensatz für diese Publikation ist bei
Der Deutschen Bibliothek erhältlich

Gesamtverzeichnis gratis:
Bruckmann Verlag Nymphenburgerstr. 86, 80636 München
Internet: www.bruckmann.de